Kryptowährungen/ Cryptocurrencies

Risiken und Chancen des Investments

AF205607

Inhaltsangabe

XVIII Bitcoin als CFD

XIX   Kryptowährungen: Pump and Dump für alle

I Vorwort

Zum ersten Mal habe ich über Bitcoin erfahren im Jahr 2008. Damals wurde unter Freunden über diese neue digitale Währung gesprochen und über diese mögliche Investition in die Zukunft. Der Kurs ging aber schon schnell hoch auf einige Euro und in meinem Umfeld fanden wir diesen Kurs zu teuer. Investieren in eine digitale Währung, keine Ahnung haben, wo sie sich befindet, wer der tatsächliche Inhaber dieser "Firma", dieser Währung ist, wie sicher dieser Bitcoin ist ? Lieber nicht. In den nächsten Jahren ging der Kurs immer wieder einmal hoch und dann manchmal auch sehr stark runter. Das war mir zu riskant. Ausserdem konnte Niemand mir sagen, wer der Erfinder dieser Kryptowährung war. Angeblich ein Satoshi Nakamoto, andere vermuteten eine Gruppe von Algorithmen Freaks dahinter. Etwas kaufen, wovon ich nicht wusste, wer es verkaufte, wem es gehörte. Das wollte ich nicht. Dann im Jahr 2016 hatte ich einige amerikanische Freunde, die voraussagten, der Kurs würde auf 20.000, sogar auf 100.000 oder noch mehr, vielleicht bis auf eine Million Dollar hochgehen. Vorstellen konnte ich mir das nicht. Sie investierten zu einem Zeitpunkt als der Bitcoin Kurs um die 500 Dollar lag – manche sogar einen Großteil ihrer Ersparnisse. Einge kauften 20 Bitcoin für 10.000 Dollar insgesamt. Mir war das immer noch zu gefährlich, vielmehr fand ich den Kurs jetzt irrsinnig hoch und wollte schon gar nicht mehr einsteigen. Anfang 2017 erklärten mir dann Freunde, ich solle doch sehr schnell einsteigen, der Kurs würde explodieren. Doch einsteigen bei etwa tausend Dollar für einen einzigen Bitcoin ? Zu teuer für mich. Dann aber entwickelte sich im Jahr 2017 ein wahrer Bitcoin Rausch. Manche vergleichen das heute mit der Tulpenhysterie in den Niederlanden im 17ten Jahrhundert. Tulpenzwiebeln wurden innerhalb kürzester Zeit zum Spekulationsobjekt. Von der Blume für die Gärten der Oberschicht, des Bildungsbürgertums und der Aristokratie zum beliebten Handelsobjekt mit irrsinnigen Preisen. Diese Spekulationsblase der Wirtschaftsgeschichte hat damals die Niederlande einen schweren wirtschaftlichen Schaden zugefügt und den Namen der Handelsnation auf lange Zeit beschädigt. Die Tulpenzwiebelhysterie ist bis heute ein klassisches Beispiel einer Blase. Etwas ähnliches könnte sich zur Zeit bei Bitcoin abspielen, Keiner möchte den Hype verpassen. Viele investieren, auch kleinste Beträge, zum Beispiel auch bei Brokern für den CFD Handel, die inzwischen auch sogenannte Initial Coin Offerings, kurz ICO anbieten. Die Preise steigen gen Himmel, wo ist das Ende. Es könnte eine gigantische Blase sein. Nur eine kleine negative Nachricht könnte die Blase zum platzen bringen. Die Tulpenblase funktionierte so lange es Käufer gab für die teuren Tulpenzwiebeln. Es gibt Belege von einem Preis von 90.000 Gulden für 99 Tulpenzwiebel. Die Blase platzte, als es an einem Tag am Handelsplatz keine Käufer gab für eine der teuren Tulpenzwiebeln. Am nächsten Tag brachen die Preise ein. Das könnte auch mit Bitcoin passieren, nämlich dann, wenn keiner die Kryptowährung mehr kaufen möchte. Dann werden Millionen Menschen ihr Geld verlieren, manche vielleicht sogar ihre gesamte finanzielle

Existenz. Vielleicht aber auch nicht. Vielleicht ist dies erst der Anfang der Zukunft der Kryptowährungen. Fest steht, dass viele korrupte Firmen auf der Welle der Kryptowährungen mitreiten und versuchen mit zu profitieren in dem sie wertlose Währungen auf den Markt bringen. Im Laufe dieses Buches werde ich darauf noch eingehen. Mich wundert, dass es viele junge Autoren und Fintech Fans gibt, die praktisch kritiklos über diese Entwicklung reden und schreiben, ohne die Hintergründe zu recherchieren und die manche Firmen praktisch in den Himmel loben, nur weil sie Kryptowährungen und ihre eigenen Coins auf den Markt bringen. Wer ist denn nun der Erfinder von Bitcoin ? Ist es Satoshi Nakamoto oder vielleicht Elon Musk, der Miterfinder von PayPal und der Eigentümer von Tesla Elektroautos ?

Spekulationen dazu gab es in den letzten Wochen. Er selbst widerlegt dies. Kryptowährungen sind digitale Zahlungsmittel. Damit die Daten auf die sie basieren sicher sind, werden die Daten verschlüsselt, also werden die Grundlagen der Kryptografie angewandt. Innerhalb kürzester Zeit kann man vollkommen anonym Geld im Internet von einer Person oder Institution zur anderen übersenden. Es ist preiswerter und schneller als das gängige Bankensystem und ausserdem, so sagen die Fans, weniger Anfällig für Manipulationen. Ist dem so ? Ich versuche dass, in den nächsten Kapiteln zu erklären, sowie ausserdem Hinweise und Ratschläge für eine Investition oder Nicht-Investition zu erteilen.

II Bitcoin

Am bekanntesten ist Bitcoin. Deshalb sprechen auch viele von Bitcoin, wenn sie eigentlich allgemeine Kryptowährungen meinen. Bitcoin bedeutet "digitale Münze". Basis ist die Technologie der Blockchain. Vorteil ist die Unabhängigkeit von Staaten und Zentralbanken. Der Kurs des Bitcoin wird nur durch Angebot und Nachfrage bestimmt, es gibt keinerlei Einmischung von Finanzbehörden oder Staaten. Das ist aber auch gleichzeitig das Risiko. Sämtliche Transaktionen sind transparent, aber so gut wie anonym. Inzwischen gibt es immer mehr Händler, die Bitcoin als Zahlungsmittel akzeptieren. Man kann Bitcoin sogar selbst minen, also selbst Bitcoin im Internet suchen. Angebot und Nachfrage bestimmen den Preis und je attraktiver Bitcoin werden, desto mehr steigt der Preis. Das Angebot ist begrenzt und wird begrenzt bleiben, neue Bitcoin können nicht hergestellt werden. Die Anzahl der Bitcoins ist begrenzt. Momentan gibt es etwa 16,7 Millionen. Bis 2140 sollen es etwa 21 Millionen sein, denn alle zehn Minuten kommen derzeit 12,5 neue Bitcoin hinzu. Die Menge der neu geschürften Bitcoins halbiert sich ausserdem alle vier Jahre. Das Angebot wächst also langsamer als die zu erwartende Nachfrage, wodurch der Preis weiter steigt. Der hohe Preis macht das "Mining", also das Schürfen neuer Bitcoins, attraktiv und schwierig. Wenn der Blockchain zu Ende ist, dann gibt es keine neuen Bitcoin mehr. Deshalb gehen Befürworter von Bitcoin auch von einer weiteren hohen Wertsteigerung aus. Doch wenn größere Investoren viele Bitcoin verkaufen, dann geht der

Preis auch mal schnell sehr stark runter, obwohl er sich bis jetzt immer wieder erholt hat. Das bedeutet auch, dass der Bitcoin als Zahlungsmittel zur Zeit noch schwierig ist, denn Preise lassen sich anhand des Bitcoin nur sehr ungenau festlegen. Da der Preis aber stark steigt, ist er ein beliebtes Spekulationsobjekt. Grundlage für die Kryptowährungen sind Blockchain, eine Art Kette mit lauter Puzzlestücke, die nur so ineinander passen, tatsächlich ist es eine Art Kette mit Datenblöcken, die aneinander gehängt werden und nur in dieser Kombination diese einzige Blockchain ergeben. Etwa alle zehn Minuten wird von einem Rechner irgendwo auf der Welt eine einzigartige sehr komplizierte mathematische Aufgabe gelöst. Es gibt keine Zentrale, alle Rechner sind gleich. Wenn der nächste Block der

Blockchain gefunden ist, werden alle Transaktionen bis zu einer Größe von maximal einem MB gesammelt und verarbeitet. Nach zehn Minuten, wird der Block mit einem einzigartigen Code aus dem vorherigen Block verschlüsselt und an die Blockchain gehängt. Danach kann daran nichts mehr verändert werden. Derjenige, der den Block gefunden hat, bekommt auch alle Transaktionsgebühren. Der Blockchain der Bitcoin soll unhackbar sein und sehr sicher, so die Bitcoinbetreiber. Damit man Bitcoin aufbewahren kann, braucht man ein sicheres Wallet, eine Art Online-Geldbörse. Ich werde später im Buch noch darauf eingehen, worauf man achten muss, damit man ein sicheres Wallet findet, denn es gibt jede Menge verschiedene Wallet-Anbieter auf dem Markt und viele sind nicht sicher und seriös. Man registriert sich mit seinem Namen und einem Girokonto. Wichtig ist, dass man seine Bitcoin nie auf einem Exchange Plattform stehen lässt. Da hat es in der Vergangenheit schon zahlreiche Hacks gegeben. Nur der Kunde selbst kann die Daten einsehen. In der Öffentlichkeit taucht lediglich ein Code auf. Aufgepasst: Sollten man seine Zugangsdaten verlieren, wäre das genauso, wie wenn man seinen Geldbeutel auf der Straße verliert – das Geld wäre dann weg. Weil der Bitcoin so teuer geworden ist, ist es für Händler derzeit nicht sehr attraktiv Bitcoin als Zahlungsmittel zu akzeptieren. Es gibt aber immer mehr Kreditkartenunternehmen, bei denen man seine Bitcoin an die Kreditkarte koppeln kann. Man zahlt also mit der Karte und eigentlich in Bitcoin. Der Händler bekommt den Preis in Euro oder Dollar gutgeschrieben. Die allerersten Produkte die mit Bitcoin bezahlt wurden sollen übrigens zwei Pizzen gewesen sein. Damals kosteten sie etwa zehn Dollar, umgerechnet 10.000 Bitcoin. Heute wären das etwa 80 Millionen Euro. Ich kenne Bitcoin Fans, die praktisch alles mit ihrer Kreditkarte an Bitcoin gekoppelt bezahlen. Anfang 2017 haben sie ein Hotelzimmer mit Bitcoin über Kreditkarte bezahlt. Es kostete 100 Dollar. Ende 2017 ist der Wert auf 7000 Dollar gestiegen. Die echten Fans machen sich einen Spaß daraus zu schauen, wie teuer die Produkte werden, die sie anfangs in Bitcoin bezahlt haben. In Japan und Australien sind Bitcoin offizielle Zahlungsmittel. In Deutschland wird Bitcoin als Recheneinheit anerkannt. Bitcoin wird nicht durch eine Zentralbank wie die EZB oder die FED kontrolliert. Das bedeutet, der Kurs des Bitcoin kann nicht durch Anleihenprogramme oder andere Aktionen beeinflusst werden. Der Kurs wird wie gesagt nur durch Angebot und Nachfrage bestimmt. Die Nutzer des Netzwerkes bestimmen den Kurs. Weltweit sind viele, viele Verbindungen entstanden. Es gibt keine Zentrale und das Netzwerk kontrolliert sich also selbst. Jede Transaktion wird durch das Netzwerk kontrolliert, jeder Nutzer am Computer kontrolliert ob der Code stimmt. Wenn ein Code nicht übereinstimmt, so wird er nicht akzeptiert und diese Kontrolle läuft über alle angeschlossenen Rechner gemeinsam. Wenn auch nur ein Rechner die kryptografische Zahl nicht akzeptiert, so kann die Transaktion nicht durchgeführt werden. Ein ziemlich safes System also. Wie es mit dem Bitcoin weitergeht, bestimmt nicht eine Bank oder Behörde sondern die Nutzer gemeinsam. Bitcoin is die bekannteste, aber nicht die einzige Kryptowährung. Inzwischen gibt es tausende Kryptowährungen. Die bekanntesten sind Ethereum, Litecoin, Bitcoin Cash, Dash, Monero, Ripple und Cardano.

Bitcoin ist Ende 2017 etwa 167 Milliarden Dollar Wert. 13 Millionen Konten gibt es alleine auf Coinbase, eine der größten Bitcoin Plattformen. Manche Menschen haben also gemeinsam 167 Milliarden Dollar eingenommen mit dem Verkauf von Bitcoin, so die Theorie. Andere vermuten auch, es stecke AI – Artificial Intelligence dahinter. Der Kurs steigt immer mehr, manchmal sogar 5000 Dollar innerhalb von einer Woche und fällt dann wieder runter, manchmal 6000 Dollar innerhalb von einem einzigen Tag. Es gibt inzwischen kaum mehr Jemand, der nicht von Bitcoin gehört hat. Sogar ältere Menschen, Großmütter, die kein Handy haben aber regelmässig Fernsehen wissen inzwischen was Bitcoin ist, nun ja, sie haben eine Ahnung. Viele unter dreißig, vor allem wenn sie männlich und technikinteressiert sind, investieren in die neuen Kryptowährungen. IOTA und Ripple, sowie Cardano sollen super sein, der Kurs ist innerhalb kürzester Zeit um das fünffache gestiegen. Der Grund: IOTA, ein deutsches Unternehmen ist eine Art Kryptowährung für die Maschinenwirtschaft und wird schon von großen Unternehmen gefördert. Keine Miner, keine Blocks, nur Transaktionen, dass soll noch viel efektiver sein. Ich lasse mich überreden 100 Euro in diese neue Währung zu investieren, aber das ist gar nicht so einfach. Zuerst muss ich ein Konto eröffnen bei Bitfinex, das ist einer der Anbieter dieser IOTA Währung. Doch um die Währung kaufen zu können brauche ich Bitcoin, also muss ich bei einem Bitcoin Anbieter, ich entscheide mich für Coinbase , Bitcoin kaufen. Ich kaufe für 100 Euro Bitcoin, umgerechnet sind das 0.0082324 Bitcoin. Wow, meine ersten Bitcoin. Es dauert einige Stunden, bis diese Transaktion verarbeitet ist und dann noch einmal mehrere Tage, bis diese Bitcoin von meinem Coinbase Konto auf mein neues Bitfinex Konto überwiesen werden. Es ist alles gar nicht so einfach wie ich dachte und – laut Kleingedrucktes – kann die Rücküberweisung, wenn ich die IOTA mit Gewinn verkaufen sollte und die Bitoin zurück in Euro auf mein "normales" Bankkonto oder Kreditkarte überweisen möchte sogar mehrere Wochen dauern. Ich wusste schon vor 8 Jahren, dass das alles kompliziert ist und habe mich damals dagegen entschieden. Ich hatte ausserdem angst, das ein Hacker im Internet mein sogenanntes Wallet leerräumen würde. Tja, jetzt sind meine hundert Euro irgendwo im Internet in einem Wallet bei der Firma Bitfinex und ich frage mich tatsächlich, ob einige dieser jungen Bitcoinfans tatsächlich schon versucht haben ihre Iota umzutauschen. Die eigentlichen Gewinner dieser Bitcoinhysterie sind ohnehin die Kriminellen dieser Welt. Wer im Darknet im Internet im illegalen Drogen- und Waffenhandelt tätig ist oder war, der hat schon seit Jahren Bitcoin als Zahlungsmittel eingesetzt. Manche dieser Drogendealer oder auch Drogensüchtige haben seit Jahren Konten mit hunderttausende Bitcoin – das sind heute die Milliardäre dieser Welt. Das gleiche gilt für Waffenhändler im Darknet. Sie waren die ersten, die diese Bitcoin als Zahlungsmittel verwendeten und sie sind tatsächlich diejenigen die sich jetzt am meisten freuen, denke ich. Wer steckt hinter Bitcoin ? Vielleicht ist es auch einfach nur einer der ganz großen Drogenbosse aus Südamerika, der den Spezialisten der Algorythmen einen Auftrag erteilt hat. Keine Zensur, keine Überwachung, keine Steuern – das pure Paradies für das schnelle Geld. Doch damit das funktioniert müssen die Teilnehmer ihre Bitcoin zuerst mixen. In den USA funktioniert dies über sogenannte Darkpools. Manche erklären, sie würden die Anonymität bei größeren Bitcoin Transaktionen nutzen, damit der Kurs von Bitcoin nicht zu sehr fällt. Transaktionen im Darkpool von 500 oder 1000 Bitcoin sind dort keine Seltenheit, inzwischen wären das umgerechnet mehr als 15

Millionen Dollar ! Einer der ganz großen Anbieter ist Kraken in San Francisco, einer der ersten Anbieter und eines der ältesten Unternehmen für Bitcoinhandel, gegründet 2011. Immer wieder wurde Kraken Opfer von Hackern, vor allem im Jahr 2017.

III Wo geht die Entwicklung hin ?

Ist dies eine riesige Blase oder vielleicht doch ein Langzeitinvestment auch für Kleinanleger ? Der Hype um die Kryptowährung Bitcoin hält Anleger weltweit seit gut einem Jahr im Griff. Der Handel mit Bitcoin ist aber gar nicht so einfach. Zur Zeit bekomme ich praktisch täglich Emails von dubiosen Brokern, dass für mich Bitcoins reserviert sind und das ich diese – nur heute noch – preiswert und mit einem saftigen Bonus erwerben kann. Tatsächlich aber verkaufen die meisten dieser Firmen gar keine Bitcoin sondern sie bieten lediglich Wetten an, auf auf- oder absteigende Bitcoin Kurse. Der Kleinanleger wird aber gerne nicht richtig informiert. Die Verkäufer am Telefon erzählen märchenhafte Geschichten, die sich gleichzeitig sehr glaubwürdig anhören.

Jede Frage des Kunden kann beantwortet werden und die meisten Kleinanleger – mit einem laienhaften Wissen ausgestattet – kommen kaum auf die Idee, dass es sich um Betrug handeln könnte. Es wird geworben mit einer BaFin Registrierung und mit einer 100% sicheren Anlage. Es wird erzählt, dass das Kapital immer geschützt sei und man praktisch keinen Verlust machen könne. Alles sei versichert und geschützt, schliesslich sei man in Deutschland und in Deutschland sei alles sehr gut organisiert und die Behörden würden alles überwachen. Wer kommt denn da auf die Idee, dass die Kryptowährungen zur Zeit praktisch noch gar nicht kontrolliert und geschützt sind und es sich um einen riesigen grauen Markt handelt. Keiner möchte den Hype um Bitcoin verpassen und wem diese Kryptowährung zu teuer geworden ist, der ist gerne bereit in andere, preiswertere Kryptowährungen zu investieren, die, so die Verkäufer, mit Sicherheit mindestens genauso, wenn nicht noch höher steigen werden. Bei vielen handelt es sich dabei um ein reines Ponzi Schema von Brokern. Man wirbt da mit den eigenen Produkten und wegen dieser fantastischen Produkte würde die neue Kryptowährung, mit abenteuerlichen Namen, sehr sehr steigen. Noch habe man die Chance für einen Euro oder sogar weniger einzusteigen und innerhalb eines Jahres Millionär zu werden. Wer möchte das nicht ? Die Erfahrungswerte sind aber gleich null und viele Experten mit denen ich mich unterhalten habe, gehen davon aus, dass viele dieser neuen Kryptowährungen in etwa einem Jahr gar nicht mehr existieren werden. Zur Zeit entstehen tausende solcher neuer

Währungen am Markt. Es gibt Webseiten und eigene Foren für die neuen Kryptos. Viele kaufen für einige wenige hundert Euro zehn oder gar zwanzig verschiedene Währungen, in der Hoffnung, dass einige überleben und vielleicht andere sogar steigen werden. Der Kauf und der Handel mit Bitcoins ist nicht ungefährlich und ein Gesamtverlust des eingesetzten Kapitals ist möglich. Die Cryptocurrencies sind nicht Bestandteil eines regulären Devisenmarktes, noch gehören sie zu den sogenannten Commodities, also Rohstoffe, die an den Terminmärkten gehandelt werden. Der normale Weg Bitcoins zu kaufen, führt über die Bitcoin-Marktplätze oder Börsen. Bitcoins entstehen aus der Leistung von Computerberechnungen und sind reine Zahlenkombinationen. In Deutschland gibt es Bitcoin.de als einen der gängigen

Handelsplätze, wo man Bitcoins kaufen und verkaufen kann. Angebot und Nachfrage treffen sich hier. Private Bitcoin-Händler kaufen und verkaufen. Hier schwankt der Preis je nach Zahl der Transaktionen im Sekundentakt – rauf oder runter. Der private Nutzer schaut in ein Orderbuch und sieht genau wie viel angeboten und nachgefragt werden. Laut eigener Webseite läuft der Handel der virtuellen Währungen mit einem Bankkonto bei der Fidor Bank AG so schnell ab wie an einer Börse. Es gibt kein Deposit und das Euro-Guthaben liegt immer auf dem eigenen Bankkonto. Es soll der größte Bitcoin Marktplatz in Europa sein mit über 400.000 Kunden. Es soll auch der erste und weltweit bisher einzige Bitcoin-Handelsplatz sein mit geprüften Bitcoin-Kundenbeständen durch eine öffentlich-rechtlich bestellte deutsche

Wirtschaftsprüfungsgesellschaft. Über 98% der Bitcoin-Kundenbestände bei Bitcoin.de sind offline gespeichert (Cold-Wallet). Das eigene Euro- und Bitcoin-Vermögen der Bitcoin Deutschland AG übersteigt die restlichen ca. 2% Bitcoins, die auf den Servern regelmäßig für Auszahlungsanforderungen von Kunden bereitgehalten werden (Hot-Wallet), um ein Vielfaches. Alle Server von Bitcoin.de stehen in Rechenzentren in Deutschland. Die Sicherheit der IT-Systeme und Prozessabläufe von Bitcoin.de werden durch externe Unternehmen überprüft. Alternativ kann man auch mit einem sogenannten Bitcoin Miner selbst Bitcoins erzeugen. Für das Bitcoin Mining benötigt man einen speziell ausgestatteten Bitcoin Rechner, auch Bitcoin Rig genannt. Für die Nutzung der digitalen Währung ist ein

Bitcoin Client erforderlich, der das sogenannte Bitcoin Wallet verwaltet. Man kann sein Account auf Bitcoin.de als Bitcoin Online Wallet nutzen, um die Bitcoins sicher zu verwahren.

Die Händler geben bei ihren Überweisungen ihre Bankverbindung an, auf die Beträge in Euro überwiesen werden müssen. Es kann auch die Bitcoin.de Bank sein. Die Plattform zeigt an, ob die Gebote von vollständig identifizierten Mitgliedern kommen. Die gekauften Bitcoins werden einem Benutzerkonto gutgeschrieben. Für die Transaktion erhält Bitcoin.de eine Marktplatzgebühr zwischen 0,8 und 1,0 Prozent, die jeweils von beiden Handelspartnern, also vom Käufer und Verkäufer getragen wird. Durch eine Kooperation mit der Münchener Fidor Bank können Kunden der Bank Mittel auf ihrem Konto für den Handel mit Bitcoins über Bitcoin.de reservieren. Die Bank ist so das erste Finanzinstitut, das indirekt einen Bitcoin-Handel für ihre Kunden anbietet.

Alternativ gibt es Bitsmap, Coinbase, Bitfinex und andere. Diese Börsen sind Internationaler und es wird auch in Dollar gehandelt. Angebots- und Nachfragepreise liegen deutlich enger beieinander. Für eine Transaktion muss ein Konto bei Bitstamp oder Coinbase mit eigenen Geld, also zum Beispiel Euro oder Dollar gefüllt werden, ähnlich bei bei einem Wertpapier-Depot. Bitstamp ist in Luxemburg lizenziert und bezeichnet sich als erste europäische Bitcoin-Börse.

IV ICO Initial Coin Offering

Zwei große Projekte haben gerade große Summen Geld eingefahren. EOS aus Deutschland hat in seinem White Paper versprochen, dass es Millionen von Transaktionen durchführen kann durch eine Parallelität der Blockchain Berechnungen. So soll EOS ein kommerziell nutzbares Betriebssystem für dezentrale Applikationen werden, die auf Blockchain basieren. Die ICO von EOS läuft noch etwa ein Jahr. Nach fünf Tagen sollen bereits 185 Millionen Dollar eingesammelt worden sein. Zur Zeit sollen es mehr als 300 Millionen sein. Der EOS Token steht jetzt auf knapp 7 Euro. Geplant sind eine Milliarde. Bis jetzt steht allerdings nicht einmal fest, ob die Käufer ihre Token später auch auf die Basis der neuen Blockchain entwickelten

EOS-Währung umtauschen können. Tokens sind schliesslich auch keine Beteiligung am Unternehmen dar. Das Unternehmen hinter EOS ist Block.one mit Sitz auf den Kaiman Inseln. Es ist alse ein großes Wagnis. Gleichzeitig muss man festhalten, dass EOS-CTO Dan Larimer einen guten Ruf hat unter den Blockchain Fans, denn er hat zwei technisch gute BLockchains mitentwickelt: Steem und Bitshares. Für viele Blockchainfreaks offenbar ein guter Grund ihm die vielen Tokens abzukaufen, auch wenn man nicht weiß ob sie irgendeinen Wert haben werden. Das interessante ist, dass auch dei OS Sales von China angetrieben werden, obwohl ICOs in China verboten sind. Gerade weil ICOs in China verboten sind konzentrieren sich die chinesischen Investoren auf ICOs in anderen Ländern der Welt. Xiaolai Li hat ein weiteres

Blockchain Startup Press.one angekündigt. 50 Prozent der Finanzierungssumme von 200 Millionen Dollar sollen durch die EOS Token zustande kommen. Damit die Investoren also in ein ICO investieren können, müssen sie zunächst an einem anderen teilnehmen oder die Tokens tauschen über eine der Kryptowährungsbörsen, wie zum Beispiel Kraken wo diese Token bereits gehandelt werden können. Eine andere Geschichte ist Tezos mit Sitz im schweizerischen Zug. Tezos will eine neue Blockchain schaffen und mit dem kleinen Nationalstaat darüber verhandeln, ob Tezos Währung als offizielle Landeswährung anerkannt wird. Tezos allerdings ist eines der umstrittensten ICOs, der größte mit 232 Millionen Dollar. Das Geld allerdings ist weg, kein Mensch weiß angeblich wo es ist und es gibt in den USA bereits mehrere Verfahren von

Anleger gegen Tezos. In einem weiteren Kapitel werde ich darauf näher eingehen. Die Geschichte jedenfalls is so spannend wie ein Krimi. Ein junges, smartes Ehepaar "betrügt" Anleger, darunter Finanzhaie um Millionen – eine Art Bonnie and Clyde der Neuzeit ?

V Weshalb wollen viele einsteigen ?

Der Grund für die praktisch unüberlegte Investition in jede neue ICO ist wohl der Bitcoin Kurs. Wäre der Kurs so niedrig wie vor einigen Jahren und würde vor sich hin dümpeln, so würde wohl kaum Jemand in neue Coins investieren. Da aber jetzt Bitcoin so teuer geworden ist, haben viele angst den Zug zu verpassen, man nennt das die "Fear of missing out". Die Gier danach, man könne etwas verpassen. Bitcoin, Ethereum, Dash, Litecoin und einige andere Token sind so stark gestiegen, dass viele Investoren sie zu teuer finden. Die Dotcom Blase wurde praktisch vom gleichen Prinzip angetrieben. Keiner möchte den Krypto-Hype verpassen. Ich merke das auch bei meinen Youtube Videos bei Gamesoftruth. Viele schreiben mir, ich hätte Unrecht, sie würden jetzt endlich einmal mitprofitieren können von den neuen Möglichkeiten. Jetzt könne jeder Milliardär werden und es endlich den großen Bankern zeigen. Ich würde mich freuen für die zahlreichen Investoren wenn es so wäre. Ich befürchte aber, dass viele auf die Nase fallen werden. Leider, denn ich bin nicht grundsätzlich gegen Kryptowährungen und ICOs, Ich sehe nur, dass es viele Konstruktionen gibt, die fragwürdig sind. Ich befürchte, dass die meisten in zehn bis zwanzig Jahren nicht einmal mehr existieren und ich befürchte ausserdem, dass bei einigen ICOs ähnlich wie es bei Tezos sein könnte, die Initatioren mit dem Wind verschwunden sind. Viele, viele Startups hat es gegeben und wird es geben von denen Niemand mehr spricht und nur einige wenige werden sich durchsetzen. Amazon und Google, sind damals aus der DotCom Blase entstanden. Beide wurden in den 90er gegründet. Damals haben viele diese Unternehmen nicht ernst genommen, heute gehören sie zu den größten und wertvollsten an der Börse. Es heißt also nicht, dass Blockchain kein Potential haben könnten. Nur Pioniere, die etwas wagen, sind erfolgreich. Wichtig ist es deshalb für Investoren, egal wie klein die Beträge sind, sich genau zu informieren. Je mehr Informationen ich habe über das Unternehmen, in welches ich einsteige, desto mehr Möglichkeiten habe ich, erfolgreich zu sein. Manche schaffen es mit einer Idee Millionen einzunehmen, das war beim Dotcom Boom so, das wird beim Kryptoboom so sein. Ein Großteil dieses Geldes wird versenkt. Viele investieren derzeit in leere Versprechungen, glauben Internetseiten und Wunder. Die meisten dieser

"Versprecher" werden später wohl nie zur Rechenschaft gezogen, ganz einfach weil es keine Regulierung gibt und weil sie verschwunden sind. Man sollte wirklich sehr gut recherchieren, nach einem festgelegten Plan, sich von Experten, Blockchainexperten beraten lassen und erst dann investieren. Was mich so unheimlich stutzig macht ist der Erfinder des Bitcoin. Keiner weiß wer er ist, keiner kennt ihn. Manche Bitcoinfreaks finden das gerade toll, weil er so Niemanden beeinflussen kann. Ist dem so ? Es ist naiv so zu denken, das ist meine Meinung. Vielleicht stecken ja doch die Banker da hinter ? Diejenigen, die die Kryptowährungsfans so ablehnen ? Sie hätten jedenfalls genug Geld und Macht. Es ist eine Sprache die wir nicht verstehen und nicht lesen können. Wir investieren in etwas, was wir nicht verstehen, nicht wissen wer dahinter steckt, nicht wissen wohin unser Geld geht. Wir sind an einem interessanten Punkt angekommen. Die Anonymität ist auch nicht ohne weiteres gegeben. Als Silkroad immer erfolgreicher wurde, das ist die Plattform bei der man im Internet mit Bitcoin alles kaufen konnte, von Waffen bishin zu Kokain und Heroin, alles angeblich anonym. Bis sich die Experten des FBI dafür interessierten und die ganze Silkroad in die Luft sprengte – symbolisch sozusagen. Wer machte es möglich, dass das passieren konnte ? Die Bitcoin Blockchain, so viel zum Thema Anonymität. Andrew Bailey, Chef der British Governments Financial Conduct Authority hat Anfang December in einem Interview dem BBC erzählt, dass jeder der in Bitcoin oder einer anderen Kryptowährung investieren würde, davon ausgehen müsste, dass er alles verliert. Er sagte gleichzeitig, dass die diszipliniertste Person, die investieren würde und es mit einigem Gewinn wieder abheben würde, einen Profit machen könnte, aber leider entspreche dies nicht der menschlichen Natur. Menschen würden einsteigen, würden Geld machen und dann mehr machen wollen und dann verlieren. Dies sei die Natur des Menschen.

VI ICOs und korrupte online Broker

Initial Coin offering ist die neue Methode auch für korrupte online Broker zu Geld zu kommen. Alleine im dritten Quartal 2017 wurden fast anderthalb Milliarden Dollar durch ICOs eingetrieben. Bedingt durch den fehlenden Gesetzesrahmen und die fehlende Finanzaufsicht und Finanzkontrolle praktisch weltweit, sind diese ICOs sehr interessant auch für Kriminelle. Manche ICOs sind so aufgesetzt, das ein Betrug nur schwer erkennbar ist, gleichzeitig ist das Model so konstruiert, dass Betrug die einzige Absicht ist. Es gibt einige Dinge, die man beachten kann, womit man den Betrug womöglich entdecken kann und man nicht Opfer wird.

Schauen Sie nach, ob es tatsächlich einen Blockchain gibt, ob die Token gemined werden oder ob bereits existierende Kryptowährungen wie Bitcoin oder Ethereum genutzt werden. Wenn weder das eine noch das andere der Fall ist, dann ist die Herausgabe des neuen Coins womöglich ein Scam. Gefährlich ist es auch, wenn der Code den die Herausgeber nutzen, für alle einsehbar ist. Man sollte sich auch immer genau informieren über das Produkt oder die Produkte, die die Firma anbietet. Sind es Produkte, die tatsächlich erfolgreich sein können? Wir der Kurs steigen ? Haben sie einen Mehrwert ? Gleichzeitig sollte man sich genau informieren, wer welche Token bekommt. Falls es vor der ICO schon einen Großteil der Token gab, die zu den Eigentümern, Mitarbeitern etc. geflossen sind, dann ist das auch ein schlechtes

Zeichen. Man sollte sich auch genau über die Eigentümer informieren und über die Historie der Firma. Hat die Firma einen guten Ruf ? Wo ist der Hauptsitz, wer sind die Eigentümer. Manche Firmen nutzen komplizierte Holdingstrukturen, damit man die eigentliche Firma, die dahinter steckt nicht erkennt. Gibt es Mitarbeiter ? Auf den prachtvoll aussehenden Webseiten gibt es oft zahlreiche Investoren und oft prominente Experten, die das Produkt empfehlen. Gehen Sie davon aus, dass diese Experten viel Geld bekommen, damit sie die Firma positiv bewerten. Bevor sie auch nur einen Cent investieren müssen sie gut recherchieren. Es ist viel Arbeit herauszufinden, welcher Broker, welcher ICO vertrauenswürdig ist. Wenn etwas zu positiv ist, dann stimmt vielleicht auch etwas nicht. Seien sie vorsichtig und hören sie auf ihr Bauchgefühl.

Manchmal ist es auch besser den Zug zu verpassen und auf mehr Informationen zu warten und erst dann aufzuspringen. Womöglich kann einem Geduld auch davor retten, Geld zu verlieren. Es handelt sich um eine neue Entwicklung. Zur Zeit gibt es einen wahren Hype. Viele wissen nicht einmal woher dieser Hype kommt, dennoch rennen alle hinterher. Wartet am Ende ein Abgrund ? je höher der Bitcoin steigt, desto weniger scheint dies die Investoren zu interessieren. Die Psychologie des Menschen ist so ausgelegt, dass die meisten jetzt mitlaufen. Der oder die Erfinder des Bitcoin scheinen diese menschliche Art zu nutzen. Meiner Meinung nach ist es kein Zufall, dass Bitcoin so sehr steigt. Es steckt System dahinter, davon bin ich überzeugt, aber ich bin skeptisch und sehe viele Fallen.

In meinen Büchern "Terroristen der Finanzmärkte" berichte ich über die kriminellen Machenschaften zahlreicher Online Broker. Die meisten dieser Online Broker haben ihren tatsächlichen Sitz in Israel und arbeiten mit Callcentern in denen tausende Mitarbeiter potentielle Kunden weltweit anrufen und zum investieren überreden. Ihr Ziel: Kleinanleger weltweit zu betrügen. Die Israelischen Behörden, allen voran die Finanzaufsichtsbehörden Israel Security Authorities haben hart daran gearbeitet, ein Gesetz zu verabschieden, welches es Brokern in Israel verbietet Binäre Optionen zu verkaufen. Der Knesset hat das Gesetz 2017 verabschiedet und Ende Januar 2018 wird es in Kraft treten. Doch schon vorab haben Experten und Politiker vermutet, dass die Kriminellen sich nicht so leicht abschrecken lassen und eine neue Marktlücke entdecken und ausbauen würden. Die korrupten online Broker kommen zum größten Teil aus der Gaming Industrie, sie haben mit Binären Optionen, CFD und Forex Handel Milliarden verdient, gehören zu den reichsten Menschen weltweit und haben mit den Kryptowährungen und der Herausgabe von Cryptocoins, dem sogenannten Initial Coin Offering oder auch ICO genannt, eine neue Methode entdeckt Kleinanleger zu betrügen. Die Industrie der Binären Optionen aus Israel wird geschlossen, aber einige der Kriminellen haben bereits neue Ideen entwickelt und neue Firmen aufgesetzt oder manchmal mit den alten Firmen mit neuen Produkten weitergemacht. Jetzt haben sie die Kryptowährungen entdeckt und diese sind womöglich noch interessanter, da zum größten

Teil nicht einmal gesetzlich reguliert. Zu einem Zeitpunkt wo in Europa MIFID II eingeführt wird, mit strengeren Aufsichtsregeln, zu diesem Zeitpunkt haben die korrupten Online Broker bereits eine bessere Alternative zum CFD und Forex Handel entdeckt. Ich habe es vor allem daran gemerkt, dass ich zur Zeit praktich täglich Anrufe bekomme von dubiosen Trading Firmen mit Namen wie ITrade, EuropaTrade, GFXTrade, die mir Kryptowährungen anbieten möchten. Sie erzählen am Telefon fantastische Geschichten, sie hätten Büros in Frankfurt und Hamburg und wären von der BaFin beaufsichtigt, hunderte Mitarbeiter in Deutschland und tatsächlich sprechen die meisten Verkäufer am Telefon gutes deutsch. Jeder Einwand wird abgewimmelt, jede kritische Frage als vollkommen überflüssig nur oberflächlich beantwortet. Es sind clevere Betrüger, gut geschult, sonst würden sie auch keine Umsätze machen. Die neue Betrugsmasche ist vollkommen unreguliert, keiner weiß was genau abgeht, keiner weiß in was er sein Geld investiert, es verschwindet im Internet. Es ist Goldgräberstimmung im wilden Westen. Finanzaufsichtsbehörden weltweit sind alarmiert. Einige Länder, wie zum Beispiel China haben die Herausgabe von neuen Kryptowährungen verboten, um ihre Bürger zu schützen. Das hindert chinesische Investoren nicht daran, sich an ausländische Firmen zu beteiligen und Kleinanleger wertlose Coins an zu drehen. In vielen Fällen werden diese Coins nicht einmal herausgegeben, sondern sie existieren lediglich in der Fantastie der Firmenchefs. Das Geld der Kunden verschwindet womöglich sofort auf irgendwelche Offshore Konten, so wie es in der Vergangenheit manche korrupten online Broker gehandhabt haben. Das Geld wurde nicht an der Börse investiert und jetzt wird das Geld auch nicht in Coins umgetauscht. Zu einem Zeitpunkt, wo die Kleinanleger unruhig werden, sind die Betrüger längst über alle Berge, Finanzaufsichtsbehörden können nichts unternehmen, noch weniger als bei den korrupten online Brokern, denn die Herausgabe von Kryptowährungen ist nicht reguliert. Zwar warnen inzwischen zahlreiche Europäische und Ausländische Finanzaufsichtbehörden vor den sogenannten ICOs , doch hat die Goldgräberstimmung viele längst im Griff. Ich würde mir wünschen, dass Finanzaufsichtsbehörden und auch Finanzministerien in Europa viel strenger auftreten würden und strenge Regulierungskriterien aufstellen würden, damit es nicht in einigen Monaten ein böses erwachen gibt. Deshalb habe ich einem Politiker des deutschen Bundestags eine Mail geschrieben:

„seit einiger Zeit recherchiere ich zum Thema Kryptowährungen und korrupte online Broker – Ein neues Thema und ein sehr wichtiges, da zahlreiche korrupte online Broker die ICOs als neue Einnahmequelle entdeckt haben. Nach meinen Rechercheergebnissen aus Israel und Gesprächen mit Experten weltweit versuchen einige Broker mit der Herausgabe von neuen Coins Geld von arglosen Kleinanlegern zu "stehlen". Tatsächlich sind korrupte Online Broker in Deutschland sehr aktiv. Sie werben auf ihren Webseiten mit Registrierungen an der

Frankfurter Börse. Registriert sind sie meist aber tatsächlich in Zypern. Wer genau hinschaut, entdeckt, dass die Tokens, die diese Broker herausgeben, unter das Gesetz von zum Beispiel von Belize fallen, weil dort zum Beispiel die Holding registriert ist. Ich habe dazu bereits auf meinem Youtube Videochannel „Gamesoftruth" ein Video gepostet und schon jetzt gibt es zahlreiche Fragen von Kleinanlegern, die diese Tokens gekauft haben. BaFin hat mir geschrieben, dass es nicht ihre Sache ist, da Naga Markets in Zypern registriert ist. Es sollen insgesamt 220.000 Millionen Dollar reingeholt werden bei NagaICO. Ich finde dies unfassbar, dass es in Deutschland möglich ist, dass eine an der Börse registrierte Aktiengesellschaft, Kryptowährungen herausgibt, die unter das Gesetz von Belize fallen. Nach Angaben von

Anwälten in Israel mit denen ich gesprochen habe, handelt es sich bei solchen Konstruktionen oft um Betrugsmodelle, davon könne ausgegangen werden, da der Kleinanleger keine Chance habe in Belize sein Geld zurückzuverlangen. Das alles läuft in Deutschland ab, ohne irgendwelche Restriktionen oder Verbote ! Gerade habe ich eine neue Nachricht bekommen von der sogenannten ForexPeaceArmy. Ein weiterere Broker, der ebenfalls zahlreiche Scamwarnungen bekommen hat und der zahlreiche Opfer gemacht hat, hat sich an der Frankfurter Börse registrieren lassen. Auf der Seite der ForexPeaceArmy wird bereits über das nächste Scamparadies Deutschland gesprochen. Ich habe den Eindruck, dass Behörden in Deutschland die Gefahr unterschätzen und sich nicht darüber bewußt sind, was eine solche Entwicklung für den Finanzstandort Deutschland bedeutetn kann.

Meiner Meinung nach sollte schleunigst etwas geschehen, da täglich neue "Opfer" diese stark beworbenen Coins kaufen. Der Markt der Kryptowährungen steigt rasant. Auch in Deutschland sind inzwischen zahlreiche Bürger in den Kauf und/oder Handel mit Kryptowährungen eingestiegen. Bei den meisten Bürgern handelt es sich um Kleinanleger, für die ein Verlust oder gar Gesamtverlust ihres Einsatzes ein massives Problem darstellen würde. Auch viele junge Menschen steigen in den Kauf/Handel mit Kryptowährungen ein, bedingt auch durch massive und teilweise sehr aggressive Werbung von online Brokern Im Internet, Fernsehen oder durch sogenannte Cold Calls. Die Zahl der Broker, die mit Cold Calls Bürger nerven hat jedenfalls gigantisch zugenommen. Ich bekomme täglich bis zu zehn verschiedene Cold Calls. Genaue Zahlen gibt es bisher nicht, doch zeigen die Umsätze auf den verschiedenen Handelsseiten für Krptowährungen gigantische Beträge an, teilweise im Milliardenbereich. Gleichzeitig steigt die Zahl der Online Magazine und Ratgeberseiten in deutscher Sprache, sowie die Zahl der online Broker, die ihre eigenen Coins in Deutschland auf den Markt bringen. Auch dies deutet an, dass dort ein gigantischer Markt vorhanden ist. Zahlreiche online Broker haben inzwischen die Kryptowährungen als neue Einnahmequelle entdeckt. Dabei handelt es sich bei den Kryptowährungen um einen in Europa bisher vollständig unregulierten, gesetzlich nicht überwachten und von den Behörden praktisch unkontrollierten Markt. Die BaFin ist nicht zuständig für die Überwachung dieser Kryptowährungen und schon gar nicht, wenn die online Broker in europäischen Ländern, wie Zypern oder Malta registriert und lizenziert sind, so die Antwort der BaFin auf meine Anfrage. Ich halte es für wichtig, umgehend gesetzliche Grundlagen zu schaffen, zur Überwachung dieses unregulierten Marktes.

Frage: wie gedenkt die Bundesregierung mit der neuen Herausforderung der Kryptowährungen umzugehen.

Gibt es bereits fortgeschrittene Pläne für einen Gesetzesrahmen zum Schutz der Kleinanleger ?

Ist es möglich, die BaFin mit entsprechenden Werkzeugen auszustatten, damit eine Überwachung und Regelung zum Schutz von Kleinanlegern stattfinden kann? Ich beobachte in letzter Zeit zahlreiche online Broker, die zwar in Europa registriert sind, die aber ihre eigenen Coin herausgeben über das sogenannte ICO und diese Coins nicht unter Europäische Gesetze fallen lassen.

Laut Wikipedia ist ICO folgendes:

Wikipedia: Initial Coin Offering (ICO) oder auch *Initial Public Coin Offering* (IPCO) ist eine unregulierte Methode des Crowdfunding, die von Firmen verwendet wird, deren Geschäftsmodell auf Kryptowährungen basiert.[1][2] Mit dieser Methode der erstmaligen Kapitalaufnahme vermeiden Kryptowährungs-Firmen den streng regulierten Prozess der Kapitalaufnahme, der von Risikokapitalgebern, Banken oder Börsen vorgeschrieben wird.[2] In einem Initial Coin Offering wird ein Anteil einer neu emittierten

Kryptowährung an Anleger verkauft im Austausch gegen staatlich emittierte Währungen oder gegen andere Kryptowährungen wie bspw. Bitcoin."

Wie erkenne ich Bitcoin Scams ?

Bitcoin ist in Prinzip fälschungssicher und ist deshalb wohl auch eine der beliebtesten Kryptowährungen. Es steckt dahinter ein sehr cleveres Blockchainsystem. Viele erkennen den Wert und dies führt zu guten und zu schlechten Taten. Wo es viel zu verdienen gibt, gibt es leider auch Betrüger, die nur darauf aus sind, den Investoren und meistens sind es kleinere Investoren, ihr Geld abzunehmen. In diesem Buch gehe ich auch darauf sehr intensief ein, denn viele Kleinanleger oder interessierte Kryptowährungsinvestoren können dies nur schwer erkennen. Wie kann ich mich davor schützen ? Es gibt einige Bitcoinbetrügereien, die schon öfter verwendet wurden, die deshalb einfacher zu erkennen sind und einige die schwieriger zu sehen sind. Ich gebe hier einige Beispiele, damit Sie nicht zum nächsten Opfer werden. Es gibt im Internet zahlreiche Werbungen für Bitcoin, die man preiswert kaufen kann. "Kaufen Sie heute noch Bitcoin mit zehn Prozent Rabatt" Eine solche Werbung ist Blödsinn, genauso wie eine Werbung, die verspricht, dass sie mit einer Investition von 500 Euro in einer Woche 5000 verdienen, mit 600 in einer Woche 6000 verdienen und so weiter und sofort. Es sind clevere Werbetricks die dafür sorgen sollen, dass Sie die Webseite besuchen und investieren.Es sind betrügerische Seiten und wenn Sie einzahlen, verlieren Sie ihr Geld. Wenn

Sie Bitcoin oder andere Krptowährungen kaufen möchten, achten sie darauf, dass die Webseite die Endung HTTPS hat, wenn da nur HTTP steht, dann ist diese Seite nicht sicher. Nur die Endung mit S ist eine sichere, verschlüsselte Seite. Fehlt das S, so ist dies ein absolutes NoGO, ein Zeichen für betrügerische Absichten. Es gibt auch Webseiten, die Bitcoin anbieten, die man mit PayPal bezahlen kann. Oft muss man da seine PayPal Emailadresse und einen Betrag ausfüllen. Wenn man sich registriert hat, dann bekommt man einen QR Code, wohin die Betreiber der Seite dei Bitcoin schicken werden. Das Problem ist nur, dass die Bitcoin nie ankommen werden. Die meisten dieser Seiten existieren nur sehr kurze Zeit, manchmal nur einen einzigen Tag, manchmal auch nur einige Wochen. Diese Webseiten machen sehr agressive Werbung und machen sehr viel Druck, dass man schnell investieren muss, da die Gelegenheit sonst vorbei ist. Das ist wichtig, da nur so Kunden überredet werden können überhaupt zu investieren. Die Betrüger haben das Ziel sehr schnell, sehr viel Geld zu verdienen und dann abzuhauen. Wenn die Webseite dicht gemacht wird, erscheint schon einen Tag später eine neue Webseite mit anderem Namen, selbstverständlich vom gleichen Anbieter. Wer dahinter steckt ist meist nicht zu erkennen. Für Bitcoin gibt es eine offizielle Seite und es gibt einige größere Exchange Plattformen. Im Internet kann man sehen, welche die bekannten, anerkannten und sicheren Seiten sind. Bei neuen Seiten würde ich immer zuerst vorsichtig sein. Coinbase zum Beispiel ist schon lange im Geschäft und gilt als sicher. Dennoch immer vorsichtig sein. Ein anderes Problem sind die falschen Bitcoin Wallets. Wer Bitcoin gekauft hat, sollte sie in einem sicheren Wallet aufbewahren. Die Profis vertrauen auch diesen nicht hundertprozentig und haben ihren eigenen sogenannten Ledger Stick. Bei größeren Beträgen sind diese Sticks auf jeden Fall zu empfehlen. Da hat man immer seine Coins bei sich und sie sind sicher aufbewahrt, auch wenn die Webseite gehackt wird. Aber auch hier gilt doppelt hält besser. Man sollte sich die Buchstaben seiner Wallets auf jeden Fall auch noch zusätzlich auf einem Papier aufschreiben und dieses Papier irgendwo gut aufbewahren. Ich finde das sehr lustig, dass die echten Profis solche Blockchain entwickeln, alles im Netz machen aber gleichzeitig nur das gute alte Papier wirklich vertrauen. Empfehlung: dafür sorgen, dass kein

Computer, Kamera oder ähnliches in der Nähe ist, wenn man die Zahlen aufschreibt. Die Fake Bitcoin Wallets sind schwer zu erkennen. In den sogenannten Wallets bewahrt man seine Coin auf. Man kauft oder verkauft da also nicht. Die Fake Wallets sind eigentlich nur da um den Computer zu verseuchen, ode rum private Passwörter oder Schlüssel zu stehlen. Auch hier gilt, es gibt einige anerkannte, größere Seiten mit Waallets die als sicher gelten. Auch diese Seiten sollten immer die HTTPS haben und nicht HTTP. Es gibt auch noch andere Zeichen, zum Beispiel, wenn mit einem Namen etwas versucht wird zu kreieren, zum Beispiel, wenn Sites, die in der Karibik registriert sind Schweizer oder Deutsche Namen haben, wenn ich wenig Informationen über die Seite bekommen kann oder über die Eigentümer oder wenn ich nur positive

Bewertungen finden kann. Bei Reddit findet man oft Bewertungen von Menschen, die die Wallets schon benutzt haben. Das können auch Hinweise sein. Gibt es keine Freunde, Bekannte, Bewertungen etc. dann sagt das Bauchgefühl einem vielleicht, dass man besser die Finger davon lassen sollte. Aufpassen sollte man auch vor Pishing Scams. Diese sind zur Zeit weit verbreitet. Man denkt man geht auf eine offzielle Seite und tatsächlich landet man über den gleichen Namen bei einer völlig anderen Seite. Manchmal ist dann nur eine Kleinigkeit anders, zum Beispiel com. oder org. Wer die Seite besucht, infiziert seinen Computer oder verliert seine Kryptowährungen, in dem er auf einen falschen Kauf reinfällt. Auf solche Pishing Scams fällt man meistens durch Zufall oder durch einen Fehler rein. Jemand versucht einem glauben zu lassen, man sei auf der richtigen Setie, aber man ist tatsächlich auf der falschen. Ausserdem sollte man vorsichtig sein mit Emails die man bekommt und wo man um bestimmte Daten gebeten wird. Diese sollte man nicht ohne Rückfrage abgeben. Viele Seiten verkaufen solche Daten oder Hacker stehlen sie bei großen Seiten und verkaufen sie auf dem Schwarzmarkt. Links in solchen Emails sollte man nie anklicken. Besser man geht sofort zu ihrer Webseite. Viele dieser Links sehen echt aus, aber wenn man drauf klickt sieht man die falsche URL. Checken Sie immer woher die Email kommt – das ist ein Indiz aber auch nicht immer hundertprozentig, da manche auch das manipulieren können. Es gibt auch zahlreiche fake Werbungen. Wenn man im Netz nach bestimmten Begriffen sucht, zum Beispiel Blockchain oder ICO, dann bekommt man viele

Werbungen. Man denkt es sei eine Werbung aber man landet in einem gefakten Wallet. Es ist deshalb wichtig keine gesponsorten Suchresultate zu besuchen und nur manuell die Webseiten einzutippen, die man tatsächlich besuchen möchte, und zwar direkt in den Browser. Beliebt sind auch sogenannte Ponzi Scams. Damit ist das Netz zur Zeit voll. Ponzi Scams versprechen einem das blaue vom Himmel. Verzehnfachen Sie ihren Einsatz innerhalb einer Woche, werden Sie Millionär in einem Monat oder ähnliche verrückte Versprechen. Anfangs erkennt man sie nicht sofort, aber wenn man einmal erkannt hat, dass es sie gibt und was sie versprechen, dann sind sie einfach zu entdecken. Keiner wird Millionär in einer Woche, es sei denn er erbt oder gewinnt im Lotto. Alle Alarmglocken sollten auch läuten, wenn solche Seiten damit werben, dass man extra verdienen kann, wenn man Freunde wirbt über sogenannte Affiliate Programme. Auf Social Media entdeckt man dann zahlreich Leute, die solche Seiten empfehlen und in den meisten Fällen sind es bezahlte Freunde. Ich bemerke so etwas auch sehr oft bei meinen Youtube Videos bei Gamesoftruth. Manchmal beschimpfen mich Leute, von denen ich sofort bemerke, dass sie bezahlt worden sind. Manchmal werden auch bei Bewertungen nur positive Kritiken genannt. Oft sind auch falsche Accounts angemacht worden, nu rum solche Bewertungen abzugeben. Vergessen sollte man auch nicht, dass sich im Internet in dieser Kryptoindustrie sehr viele Betrüger tummeln, die mit falschen Namen arbeiten, keine Infos rausgeben und sich ohnehin so verstecken, dass man sie nur schwer ausfindig machen kann. Interessant ist auch das Cloud Mining. Viele dieser Cloud Mining Angebote sind scams, aber nicht alle. Für Neulinge ist Cloud Mining eine sehr komplizierte Sache. Cloudmining entsteht, wenn Menschen ihre Fonds zusammentun, um gemeinsam Bitcoin Mining Maschinen zu mieten. Es gibt zahlreiche Beispiele wo diese funktioniert und Profit bringt. Bei den Scams allerding sist klar, dass man das Geld verliert, weil diee Mining Maschinen schlicthweg nicht existieren. Auch hier gilt. Benutzt die Seite HTTPS. Sieht es seriös aus. Wie sind die Bewertungen. Sind die Angaben offen, erklären sie wie gemeint wird ? Allgemein gilt, je mehr die Firma zu verbergen hat, desto eher ist es ein scam.

VII Naga als Beispiel

Die Naga AG, inzwischen heißt sie "The Naga Group AG" ist ein junges Fintechunternehmen mit Sitz in Frankfurt, gelistet an der Frankfurter Börse. "The Naga Group" hat bis Ende 2017 eigentlich erst ein einziges Produkt entwickelt, welches auf dem Markt ist, nämlich eine Swipestox Plattform auf der Trader andere Trader folgen können und so erfolgreich handeln können, zum Beispiel mit CFD, Forex, aber auch mit Kryptowährungen. Eine solche Plattform ist nichts neues, sondern gibt es schon länger, auch unter ähnlichen Namen. Es ist also einfach, eine solche Plattform zu entwickeln, da man nur die gängigen Strukturen kopieren braucht. Um auf Swipestox handeln zu können, muss man ein Konto eröffnen bei einem Broker, zum Beispiel der Hanseatic Brokerhouse LTD mit Sitz in Zypern. Es gibt auf der Webseite einige Broker gelistet und nur mit denen kann man auf Swipestox handeln. Schon nach einigen Monaten hat der Broker mit Sitz und Registrierung in Zypern seinen Namen verändert in Naga Markets. Gleichzeitig bleibt die Plattform Hanseatic Brokerhouse LTD aktiv. Skeptisch macht mich, dass es schon der vierte Name innerhalb kurzer Zeit ist, denn der Naga Markets Broker bekommt. Ende 2017 gibt Naga dann eine eigene Coin heraus, die Naga Coin. Im Internet, in den Medien wird damit geworben, dass diese Naga Coin eine Kryptowährung eines deutschen Unternehmens sei. Es wird damit geworben, dass die Coin an der Frankfurter Börse gelistet sei und direkt von der BaFin überwacht werde (Die BaFin ist nicht zuständig, wie mir die

Finanzaufsichtsbehörde bereits schriftlich mitgeteilt hat). Die Coin des Finanzstartups Naga aus Hamburg sei eine deutsche Coin, so steht es in den Online Fachmagazinen für Trading und Kryptowährungen. In den ersten Wochen sollen nach Angaben der eigenen Webseite bereits 40 Millionen Coins im Wert von einem Dollar verkauft worden sein. Das Ziel seien letztendlich 200 Millionen. Ich schaue mir die eigene Webseite des Unternehmens genau an und stelle fest, dass die Coin nicht von der Naga AG herausgegeben wird, sondern von der Naga Development Association LTD mit Sitz in Belize und das die Coin zu hundertprozent unter das Gesetz von Belize fällt. Des weiteren wird im Disclaimer erwähnt, dass der Kunde keinerlei Rechte hat, falls es zum Gestamverlust kommen würde, und das immer das Gesetz von Belize zum tragen kommt, auch bei Problemen mit der Coin oder Verlusten. Der Kleinanleger kann, wenn überhaupt bei einem Verlust lediglich in Belize klagen, in einem mittelamerikanischen Staat, der hunderte Firmen registriert hat, die Steuern sparen möchten. Belize hat international den Ruf eines Staates, in welchem Kriminialität, Betrug und Steuerhinterziehung, sowie Geldwäsche und Drogen eine große Rolle spielen. Gibt es diese Coins tatsächlich oder fliesst das Geld direkt in die Taschen der Eigentümer ? Es ist schwer zu kontrollieren. Ich telefoniere mit Belize und die Firma ist nicht die einzige, die ihre Coins unter das Gesetz von Belize fallen lässt. Es sind inzwischen schon hunderte. Die Firma selbst, Naga Development Association ist im Internet kaum auffindbar. Über die Eigentümer gibt es keine Informationen. Nach Angaben der

Industrie und Handelskammer in Belize gibt es dort lediglich einen Briefkasten. Keine Firma, nur einen Briefkasten, das wundert mich nicht. Diese Praxis beunruhigt mich allerdings sehr. Es wird eine Naga Coin herausgegeben, die beworben wird als deutsche Kryptowährung von einem deutschen StartUp Unternehmen aus Hamburg. Tatsächlich aber hat das Hamburger Unternehmen damit zum Zeitpunkt der Herausgabe so gut wie nichts zu tun. Der eigentliche Herausgeber der Coin macht sich unsichtbar. Es gibt zwar einen Namen aber nicht einmal einen Eigentümer oder andere Unternehmensdaten. Dies sieht sehr nach dem üblichen Scamverfahren der korrupten Online Broker aus. Was mich ebenfalls stutzig macht, ist das der Broker Avatrade da mit drin steckt. Ein Israelischer Broker mit einem Callcenter in Tel

Aviv und israelischen Besitzern. Sollten die Kryptowährungen jetzt den CFD Handel ablösen und wiederum tausende Kleinanleger um ihr erspartes bringen ? In Israel teilt mir die Israel Securities Authorisation mit, dass man befürchte, dass korrupte online Broker den Kryptohandel als neues Schlupfloch entdeckt hätten und jetzt mit einer Registrierung in Zypern Anleger in ganz Europa betrügen würden. Es gibt einen entscheidenen Vorteil zum CFD Handel: die Kryptowährungen sind so gut wie nicht legalisiert und von Finanzaufsichtsbehörden überwacht und man kann deshalb auch kaum Jemand zur Rechenschaft ziehen. Wie genau wird diese Praxis in Deutschland gehandhabt ? Ich möchte das wissen und schreibe eine Mail mit folgenden Fragen an das Bundesfinanzministerium:

Was macht die Bundesregierung im Kleinanleger vor Betrug von korrupten Online Brokern mit Kryptowährungen zu schützen ?

Das Geld geht im Falle von "The Naga Group" ja offensichtlich direkt nach Belize, dies würde bedeuten, dass die Firma darüber in Deutschland keine Steuern zahlt. Wie wird dies gehandhabt ?

Es sollte doch deutschen/ europäischen Unternehmen verboten sein, angeblich deutsche Kryptowährungen zu bewerben, die aber tatsächlich in sogenannte Offshore Länder/ Steuerparadiese gelistet sind. Gibt es eine gesetzliche Grundlage für den Markt der Kryptowährungen, sowie der Herausgabe eigener Kryptowährungen, sogenannter ICOs oder ist diese in Vorbereitung ?

Derzeit gibt es eine allgemeine Warnung auf der Webseite der BaFin. Wie geht das Bundesfinanzministerium um mit solchen konstruierten Investitionsmodellen, die für den Kleinanleger nur schwer durchschaubar sind und wo oft Betrug vorprogrammiert ist, statte in allgemeines Risiko ?

Nach meinen Erkentnissen drängen derzeit verstärkt sogenannte korrupte Online Broker auf den Deutschen Markt/ Europäischen Markt um statt CFD und Forex Handel jetzt Kryptowährungen und ICOs anzubieten. Was macht das Bundesfinanzministerium dagegen ?

Wie schützt die Bundesregierung den Namen des jungen Fintechstandortes Deutschland vor solchen Firmen ?

Weiterhin stelle ich eine Anfrage an die BaFin, der Bundesanstalt für Finanzdienstleistungsaufsicht:

„ Ich recherchiere seit Monaten zum Thema online Broker und zu dem lukrativen Geschäft der Ausgabe von neuen Coins, sogenannten Kryptowährungen. Speziell konzentriere ich mich seit einiger Zeit auch auf Naga und der Naga Coin, weil Naga Group AG ein deutsches Unternehmen ist. Ich habe in Israel, auf Zypern und in Belize recherchiert.

Die Fakten: Naga Group AG ist eine deutsche Aktiengesellschaft, registriert an der Frankfurter Börse

Naga Markets ist der sogenannte Broker - Brokerage - registriert und lizenziert in Zypern.

Damit fällt das sogenannte Trading nicht unter der direkten Aufsicht der BaFin, sondern nur indirekt über Mifid. Beschwerden der Kunden müssten also in Zypern gestellt werden. Naga Markets hat den Namen 4 Mal gewechselt, von Avatrade, zu Alaska Financials, Hanseatic Brokerhouse jetzt zu Naga Markets. Die älteren Webseitennamen sind teilweise noch aktiv und nach Angaben des belgischen Ombudsfin, sowie der ForexPeaceArmy Betreiber und der Israelischen Behörden ISA gibt es täglich viele neue Geschädigte (siehe auch FPA und belgische Finanzaufsichtsbehörde/ Avatrade - 17500 fee).

Derzeit wird eine Naga Coin herausgegeben, mit riesigem Werbeaufwand. Naga sei eine deutsche Aktiengesellschaft, die diese Coin herausgibt. Tatsächlich fällt die Coin und fallen alle gesetzlichen Auflagen der Coin unter das Recht in Belize. Die Naga Development Association LTD ist nämlich in Belize registriert. Dies steht im Disclaimer (Dazu muss man den intire risk disclaimer lesen - allerletzte Info auf der Seite). Die Naga Development Association LTD ist der Herausgeber der Naga Coin.

Meine Fragen an die BaFin

Der Handel beim Brokerage, der also in Zypern registriert ist soll in Zukunft hauptsächlich mit diesen Tokens ablaufen. Wer ist dann gesetzlich Verantwortlich wenn es Verluste/ Beschwerden/ Gesamtverluste gibt. Zypern oder Belize.

Wo zahlt Naga ihre Steuern. Naga AG hat ja so wie ich es verstehe keinerlei Einnahmen, denn die Finanzen laufen offensichtlich über Naga

Development Association ab. Werden die gesamten Einnahmen in Belize versteuert ? Was hat Deutschland davon ?

Das Konstrukt ist nehme ich an Legal, dennoch raffiniert (wie fast alle Broker raffiniert arbeiten). Muss diese Info zu Belize nicht offen auf der Webseite stehen ? Der Kleinanleger oder Investor in Kryptowährungen hat keine Ahnung, er denkt er investiert in eine deutsche AG.

Was sagt die BaFin dazu ?

Wie werden Kleinanleger geschützt ?

Die Antwort der BaFin:

ich fürchte, dass wir Ihnen zu diesen Fragen recht wenig antworten können, da es sich um Jurisdiktionen oder Sachgebiete (z.B. Steuern) handelt, die nicht in unmittelbarer Zuständigkeit der BaFin liegen.

Ich habe Ihre Fragen dennoch mit den entsprechenden Kollegen geteilt und melde mich schnellstmöglich noch einmal bei Ihnen. Vielleicht gibt es ja doch noch irgendetwas, was wir Ihnen an die Hand geben können.

Zeitversetzt antwortet eine weitere Mitarbeiterin der BaFin auf eine Mail, die ich vor Monaten schon verschickt hatte:

„Die Naga Markets Ltd. und die Hanseatic Brokerhouse Global Markets Ltd. haben ihren Sitz auf Zypern und werden von der dortigen Aufsichtsbehörde Cyprus Securities and Exchange Commission (CySEC) beaufsichtigt. Ich darf Sie daher bitten, sich an die CySEC zu wenden.

Die CySEC hat bis jeute keine meiner zahlreichen Mails mit Fragen beantwortet, ebensowenig wie die Firmenleitung von Naga Markets und Naga Development Association. Naga AG hat lediglich mit einem Anwalschreiben reagiert, man würde meien Fragen nicht beantworten, so lange ich in meinen Videos über Naga berichten würde. Weshalb berichte ich darüber ? Weil es bis jetzt kaum Journalisten gibt, die den Mut haben kritisch über die Coins der Online Broker zu berichten und weil die Politik offensichtlich noch nicht erkannt hat, wie wichtig dies ist. Der Kleinanleger ist praktisch ausserstande selbstständig die Strukturen zu erkennen. Für mich ist das praktisch ein Ganztagesjob. Ich habe mich mit Chefredakteuren großer Zeitungen unterhalten, die mir erklärten, es stecke auch viel zu viel Arbeit in eine gründliche Recherche dieser Scams.

BaFIn Warnung vor Initial Coin Offerings: Hohe Risiken für Verbraucher :

Dies ist der Offizielle Tekst der BaFin Seite:

"Datum: 15.11.2017

Der Erwerb von Coins – je nach Ausgestaltung auch Tokens genannt – im Rahmen sogenannter Initial Coin Offerings (ICOs) birgt für Anleger erhebliche Risiken. Es handelt sich um höchst spekulative Investments, die oft nicht der geltenden Kapitalmarktregulierung unterliegen. Wie bei den meisten Trends zieht das hohe öffentliche Interesse an ICOs auch Betrüger an. Der vorliegende Beitrag erläutert den rechtlichen Hintergrund, geht auf die Risiken von ICOs ein und enthält wichtige Hinweise für Verbraucher.

Definition: Initial Coin Offering

Initial Coin Offerings (ICOs) sind eine neues Mittel der Kapitalaufnahme zur Finanzierung unternehmerischer Vorhaben. Der Begriff ist an den des Initial Public Offering (IPO) angelehnt, also einen Börsengang. Die begriffliche Annäherung durch die Bezeichnung „ICO" ist zumindest teilweise irreführend, denn sie erweckt den Eindruck, ICOs seien mit Aktienemissionen vergleichbar, was weder technisch noch rechtlich der Fall ist.

ICOs finden derzeit in zwei Formen statt: Die erste Form besteht aus Smart Contracts (Programmiercodes) beziehungsweise verteilten Anwendungen (Distributed Apps / dApps). Dabei handelt es sich, vereinfacht ausgedrückt, um programmierte Vereinbarungen, deren Programmcode auf einer bestehenden Blockchain wie Ethereum hinterlegt ist. Blockchains sind fälschungssichere, verteilte Datenstrukturen, in denen Transaktionen in der Zeitfolge protokolliert, nachvollziehbar, unveränderlich und ohne zentrale Instanz abgebildet sind. Die zweite Form von ICOs besteht in der Schaffung neuer Blockchains oder virtueller Währungen. In beiden Formen werden also neue digitale Einheiten erzeugt (Token Generating Event). Die erzeugten Tokens werden meist in einem unregulierten öffentlichen

Bieterverfahren an interessierte Anleger verkauft (Token Sale). Den Kaufpreis haben die Anleger in der Regel in virtueller, manchmal auch in gesetzlicher (Fiat-) Währung zu bezahlen, häufig im Voraus.

Rechtliche Grundlagen

Da das Aktienrecht auf ICOs keine Anwendung findet, müssen Tokens weder Mitgliedschafts- noch Informations-, Kontroll- und Stimmrechte enthalten. Der Anbieter kann völlig frei entscheiden, welche Rechte oder Ansprüche er den Anlegern durch die Tokens einräumt. Meist schildern Anbieter ihr Vorhaben und die Funktionsweise der angebotenen Tokens in einem sogenannten Whitepaper; gelegentlich veröffentlichen sie auch Vertragsbedingungen

(Terms and Conditions). Die Inhalte dieser Unterlagen sind im Unterschied zu den Prospekten einer Aktienemission weder gesetzlich vorgegeben noch von einer Aufsichtsbehörde auf Vollständigkeit geprüft.

Zur Durchführung eines ICO ist weder eine bestimmte Unternehmensform noch ein tatsächlicher Geschäftsbetrieb erforderlich. Auch Einzelpersonen, die gar kein Geschäft betreiben, sind technisch in der Lage, Tokens anzubieten, soweit sie über Programmierkenntnisse verfügen oder diese beauftragen. Die mit einer solchen Emission verbundenen Kosten sind im Vergleich zu den Kosten einer Aktienemission verschwindend gering.

Risiken für Verbraucher

Das Fehlen gesetzlicher Vorgaben und Transparenzvorschriften für ICOs bedeutet für den Anleger ein enormes Risiko. Zum einen sollten sich Anleger der Verlustrisiken bewusst sein – auch ein unumkehrbarer Totalverlust ihrer Investition ist möglich. Tokens unterliegen häufig großen Preisschwankungen. Einige Anbieter versprechen die Handelbarkeit ihrer Tokens auf Zweitmarktplattformen oder stellen diese in Aussicht. Anleger müssen jedoch wissen, dass sie darauf keinen Anspruch haben und die Zweitmarktplattform möglicherweise nicht reguliert sind. Der Anleger allein trägt das Risiko, dass er erworbene Tokens nicht oder nur zu einem Preis wieder veräußern kann, der seinen Erwartungen nicht entspricht. Auch trägt er allein die Verantwortung für die sichere Aufbewahrung der digitalen Schlüssel (Private Keys), um überhaupt über seine Tokens verfügen zu können. Der Verlust oder Diebstahl des privaten Schlüssels kommt einem Verlust aller damit verbundenen Tokens gleich.

Typischerweise befinden sich ICO-Projekte in einem sehr frühen, meist experimentellen Stadium, so dass Entwicklung und Geschäftsmodell entsprechend unerprobt sind. Gleichzeitig sind sie so komplex, dass ein tiefes technisches Verständnis notwendig ist, um sie umfassend beurteilen zu können.

Zum anderen bergen ICO-Strukturen ein großes Potenzial für Missbrauch und Betrug. Nur Experten können anhand des zugrundeliegenden Programmiercodes (etwa des Smart Contracts) überprüfen, ob die im Whitepaper oder den

Vertragsbedingungen angegebene Funktionsweise der jeweiligen Tokens zutrifft. Der Anleger trägt das Risiko, dass der Anbieter hier falsche Angaben macht. Der entsprechende Code kann zudem Programmierfehler enthalten und damit manipulierbar sein. Der Anbieter allein bestimmt den Inhalt des Whitepapers, so dass die Dokumentation meist objektiv unzureichend, unverständlich oder irreführend ist. Hinzu kommt, dass der Anbieter das Whitepaper jederzeit, also sowohl vor als auch während des ICOs, ändern kann. In vielen Fällen existieren keine gesetzlichen Verbraucherschutz-Vorgaben und keine Anlegerschutzinstrumente; der Schutz personenbezogener Daten ist nicht gewährleistet. Auch dies bedeutet für den Anleger ein hohes Maß an rechtlicher Unsicherheit.

Verbraucher sind grundsätzlich einem erhöhten Betrugsrisiko ausgesetzt, wenn der Anbieter des ICOs nicht eindeutig identifizierbar ist oder wenn sie in Systeme investieren, die außerhalb von Deutschland betrieben werden. Ansprüche gegen Token-Anbieter mit Sitz im Ausland können sie im Streitfall – wenn überhaupt – nur unter großem Aufwand und Schwierigkeiten durchsetzen. Die systembedingte Anfälligkeit von ICOs für Betrug, Geldwäsche und Terrorismusfinanzierung erhöht zusätzlich das Risiko, dass Anleger ihr eingesetztes Kapital verlieren, auch aufgrund notwendiger Maßnahmen der Behörden gegen die Betreiber oder andere Personen, die in solche illegalen Geschäfte einbezogen.

Auf einen Blick Spezifische Risiken von ICOs

- Verlustrisiko: ICOs sind für Anleger höchst risikoreiche, spekulative Investments. Ein Totalverlust der Investition ist möglich.
- Fehlende Regulierung: Viele ICOs finden im unregulierten Bereich statt.
- Fehlender Schutz: Oftmals existieren kein Verbraucherschutz, keine kapitalmarktspezifischen Anlegerschutzinstrumente und kein Schutz personenbezogener Daten.
- Unzureichende Information: Statt eines regulierten Prospekts erhalten die Anleger häufig objektiv unzureichende, unverständliche oder irreführende Informationen in Form sogenannter Whitepapers.
- Komplexität: Tiefes, insbesondere technisches Verständnis ist notwendig, um

ICO-Projekte umfassend beurteilen zu können.

- Frühphasenprojekte: Typischerweise befinden sich über ICOs zu finanzierende Projekte in einem sehr frühen, meist experimentellen Stadium. Entwicklungsstand und Geschäftsmodelle sind entsprechend unerprobt.

- Volatilität: Große Preisschwankungen sind möglich. Häufig gibt es keinen Zweitmarkt. Tokens können sich zudem als vollkommen illiquide herausstellen.

- Betrugsrisiko: ICO-Strukturen bieten großes Potenzial für Missbrauch und Betrug. Der Programmcode kann Fehler enthalten, die von Dritten ausgenutzt werden können.

Was Verbraucher tun sollten

Bevor sich Verbraucher für die Investition in ICOs entscheiden, sollten sie in jedem Fall die Identität, Seriosität und Bonität des Token-Anbieters überprüfen. Da dieser keinen Transparenzvorschriften unterliegt, sind sie dabei auf sich allein gestellt. Anleger sollten sich insbesondere über Sitz, Rechtsform, Gründungsdatum, beteiligte Personen und Kapitalausstattung des Anbieters kundig machen, wenn dieser keine Angaben dazu macht. Behauptet der Anbieter, einer ICO-spezifischen Beaufsichtigung durch staatliche Behörden zu unterliegen, so sollten Anleger dies auf den Internetseiten der Aufsichtsbehörden überprüfen. Die Registrierung einer Stiftung in der Schweiz etwa beinhaltet noch keinerlei Aussage über die Regulierung des ICOs.

Zudem sollten sich Anleger in jedem Fall vergewissern, dass sie die Vorteile und Risiken des Projekts beziehungsweise des Investments vollständig verstanden haben. Dazu sollten sie dem Emittenten so viele Fragen stellen wie nötig und dessen Angaben anhand unabhängiger Quellen verifizieren. Zudem sollten sie sicherstellen, dass die Eigenschaften des Projekts beziehungsweise Investments ihren Anlagebedürfnissen und ihrem Risikoappetit entsprechen.

Hinweis Weitere Informationen

Weiterführende Hinweise zur Blockchain-Technologie und zu virtuellen Währungen hält die BaFin unter dem Menüpunkt „Unternehmensgründer und Fintechs" bereit. Darüber hinaus enthalten auch die Internetseiten zahlreicher anderer europäischer Aufsichtsbehörden und der Europäischen Wertpapier- und Marktaufsichtsbehörde ESMA Informationen und Warnhinweise zum Thema.

Rolle der BaFin

Die BaFin entscheidet im Einzelfall anhand der konkreten vertraglichen Ausgestaltung eines ICOs, ob der Anbieter eine Erlaubnis nach dem Kreditwesengesetz (KWG), dem Kapitalanlagegesetzbuch (KAGB), dem Zahlungsdiensteaufsichtsgesetz (ZAG) oder dem Versicherungsaufsichtsgesetz (VAG) benötigt und ob er Prospektpflichten einzuhalten hat.

Tokens stellen in aller Regel Finanzinstrumente (Rechnungseinheiten) im Sinne des Kreditwesengesetzes dar. Deshalb benötigen Unternehmen und Personen, die den Erwerb von Tokens vermitteln, Tokens gewerblich an- oder verkaufen oder Zweitmarktplattformen betreiben, auf denen Tokens gehandelt werden, vorab grundsätzlich eine Erlaubnis der BaFin.

Erhält die BaFin Hinweise auf mögliche unerlaubte Geschäfte, so geht sie diesen nach und schreitet gegebenenfalls im Verwaltungswege ein. Hiervon unabhängig ist das Handeln ohne Erlaubnis strafbar. Für die Verfolgung der Straftat sind die Strafverfolgungsbehörden zuständig. Insoweit bestehen auch erhebliche Risiken für gewerbliche Anbieter von Token Sales oder

Betreiber von Vermittlungsplattformen im Inland." Bis hier der Tekst der BaFin.

VIII Keine Rechtsgrundlage auf Ersatz

Manche Exchange Plattformen schliessen von vornherein jegliche Ansprüche von Kunden aus, so wie HitBTC.

HIT Solution Ltd (hereinafter "The Platform" or "HitBTC") provides access to multi-currency exchange platform under the registered trademark "HitBTC" (domain name: http://www.hitbtc.com).
In case of any legal inquiries please contact us via legal@hitbtc.com

Risk Disclaimer

Any individual who opens an account with HitBTC understands and accepts that crypto coins and tokens do not have legal tender and have no shape or form of protection or regulation by any governmental body. The value of these crypto coins and tokens is highly volatile and speculative, extending the possibility of total loss.

Crypto coins and tokens may be susceptible to bubbles, speculative movements, and loss of confidence which could lead to sharp changes in their value. The Platform do not guarantee any form of protection from any losses independently of their cause, and act solely as an intermediary bringing together buyers and sellers.

Owning crypto coins and tokens does not translate into a right of converting it into a national currency. There is no guarantee this will always be possible. Users understand that there is no notion of fair market price for crypto coins and tokens. We strongly recommend users to assess their financial situation carefully before engaging into any trading activity involving crypto coins and tokens.

Auf der Seite der Cryptocurrency Exchange HitBTC steht obiger Tekst als legaler Hinweis zum trading. HitBTC ist in Prinzip eine Handelsplattform ähnlich der der Broker, die sich jetzt aus dem Brokergeschäft mehr und mehr abwenden um in die Kryptowährungen einzusteigen. Hier kann man "Wetten" auf einen rauf- oder runtergehenden Kurs. Wer genau dahinter steckt ist schwer rauszufinden. Fest steht nur. Es gibt keinerlei Ansprüche, wenn es schief geht. Ob die Kurse manipuliert sind, die

Konten geschlossen werden, kein Kontakt mehr besteht – egal was geschieht, die Broker sind immer raus. Kryptowährungen sind das gefunde Schlußfloch für korrupte Online Broker. Allerdings, sage ich hier nochmals, nicht jeder ist korrupt, aber es bietet Möglichkeiten. Ich möchte Niemanden beschuldigen, aber die Konstruktionen lassen Betrug zu, vor allem weil kaum etwas reguliert ist und dei Finanzaufsichtbehörden zur Zeit nichts unternehmen können. Allerhöchste Zeit also etwas zu unternehmen. In den USA sind ICOs verboten, so lange nicht alles reguliert ist. Hier lässt man es nicht zu, das sein einziger Bürger Verluste macht und deshalb verbietet man es kurzerhand. In Europa setzt man mehr auf Freiheit der Finanzdienstleistung und lässt den ahnungslosen, nicht erfahrenen Bürger ins

Messer laufen. Hier der englische Tekst der Webseite:

"HitBTC accepts deposits and provides withdrawals in any of the following digital coins and tokens. However, HitBTC reserves the right to reject any deposits and suspend withdrawals which its compliance and risk management service provider has decided to be the result of detecting of suspicious activity such as money-laundering, criminal activity or any other infringement of its compliance guidelines.

HitBTC follows all the rules and regulations set out by the FATF and the financial authorities where its service is provided along with its compliance procedures.

It will therefore reject all deposits originating from jurisdictions that have strategic AML/CFT deficiencies and to which counter-measures apply and jurisdictions with strategic AML/CFT deficiencies that have not made sufficient progress in addressing the deficiencies or have not committed to an action plan developed with the FATF to address the deficiencies."

HITBTC wurde 2014 in London von der Firma Hit Techs Limited in London gegründet. Wo der Hauptsitz ist, wer die Eigentümer sind, wo die Firma tatsächlich Büroräume hat – es gibt keinerlei Informationen zur Firma. Trotzdem sind offensichtlich täglich tausende auf der Seite aktiv und handeln mit größeren Beträgen. HITBTC war angeblich des öfteren Opfer von Hackern und Ende 2017 gab es im Internet tausende die sich beschwerten, dass sie ihre Kryptowährungen nicht traden konnten, ihr Geld nicht zurücküberweisen konnten. Einige bereiteten sogar Sammelklagen vor, dennoch gab es im Internet einen regen Handel auf der eigenen Seite. Für mich ist diese unvorsichtigkeit unverständlich und kann nur mit Gier oder Dollarzeichen erklärt werden.

IX ICOs als Einnahmequelle für korrupte Online Broker: neues Schlupfloch

Ende Januar tritt in Israel das neue Gesetz, das am 23. Oktober 2017 vom Knesset verabschiedet wurde, in Kraft. Danach dürfen in Israel keine Binären Optionen mehr verkauft werden. Das bedeutet, nicht in Israel, aber auch nicht an Kleinanleger weltweit. Zahlreiche Broker haben deshalb bereits ihre Firmensitze verlegt, unter anderem in Länder wie Bulgarien, Serbien oder auch Zypern. Es waren hunderttausende Mitarbeiter, die in Tel Aviv und anderen israelischen Städten in riesigen Callcentern gearbeitet haben und millionen Bürger betrogen haben. Viele Milliarden haben die Eigentümer der Online Brokerfirmen in ihre Taschen gesteckt. Weltweit gibt es zehntausende Kleinanleger die verzweifelt versuchen ihr Geld zuürckzubekommen – bei manchen sind es hunderttausende oder gar Millionen. Ich habe diese Machenschaften in meinen Büchern „Terroristen der Finanzmärkte" ausführlich beschrieben. Etwa zehn Jahre lang haben die Kriminellen arbeiten können. Auch aufgrund ausführlicher Recherchen von Journalisten weltweit unter anderem von der Israelischen Journalistin Simona Weinglass und ihrer ausführlichen Reportagen in der Times of Israel wurden die Behörden in Israel aufmerksam und haben letztendlich durchgegriffen. Einer ihrer ersten und meiner Meinung nach besten Beiträge war die Reportage „The wolves of Tel Aviv: Israel´s vast amoral binary options scam exposed." In der Times of Israel vom März 2016. Wer sich nicht an das neue Gesetz hält, riskiert Gefängnisstrafen von bis zu zwei Jahren und hohe Geldstrafen. In Europa ist bisher wenig geschehen. Hier werden immer noch täglich tausende Kleinanleger betrogen. Meine Kollegin Daphne Caruana Galizia hat in Malta recherchiert, auch zu diesem Thema der korrupten online Broker, der Maffia, Geldwäsche und Steuerhinterziehung, Finanzkorruption und Finanzterroristen. Sie hat ihren Mut mit ihrem Leben bezahlt. Man hat sie ermordet oder ermorden lassen – Recherchen laufen noch.

Das neue Gesetz würde aber die korrupten online Broker nicht aufhalten, so die Finanzaufsichtsbehörden in Israel. Der Leiter der israelischen Finanzaufsichtsbehörde „Israel

Securities Authority" befürchtet, dass die online Broker eine neue Betrugsmasche entdeckt haben. Er macht sich Sorgen. Die Kryptowährungen seien kaum kontrolliert und überwacht, er vergleicht die Situation mit dem Wilden Westen, keiner wisse genau was sich derzeit abspiele auf dem Markt, jeder mache was er wolle und keiner halte sie auf. Jetzt haben die online Broker diese neue Marktlücke entdeckt: Kryptowährungen und Initial Coin Offering. Diese Marktlücke ist derzeit weit attraktiver, denn die Kryptowährungen unterliegen kaum irgendwelchen Gesetzen oder Marrtregulierungen, geschweige denn Finanzaufsichtsgesetzen. Derzeit werden in Israel in den Call Centern verstärkt Mitarbeiter gesucht, die sich für Kryptowährungen intressieren oder gar Erfahrung haben, in dieser Branche arbeiten und aufsteigen möchten und sehr viel verdienen wollen. Das ist ein Lockruf vor allem für junge Menschen, denn wer ist nicht begeistert in dieser Bitcoinbranche zu arbeiten. Vor allem wenn hervorragende Löhne mit hohen Provisionen versprochen werden. Das Gewissen? Das wird bei den korrupten Online Brokern am Firmeneingang abgegeben. Die Stellenausschreibungen versprechen viel und es gibt viele junge Menschen, die sich bewerben. Während meiner Recherchen habe ich mit vielen Experten gesprochen. Manche erklärten mir, dass es sich mehr lohnen würde, für einen korrupten online Broker zu arbeiten, als zum Beispiel in einem Restaurant für einen kleinen Stundenlohn. Das Problem sei, dass sich die Kriminalität offensichtlich lohne, man würde dort viel besser bezahlt als in den meisten anderen Jobs. Das gilt nicht nur für Israel, sondern inzwischen vielleicht sogar weltweit. Bedingt auch durch den Boom bei den Kryptowährungen, der vollkommenen Gesetzlosigkeit und der immens hohen Gewinne wird dort sicher in den nächsten Jahren noch einiges an Überraschungen stattfinden. Finanzwissenschaftler befürchten bald den großen Knall, das Ende dieses Hypes. Aber wann wird das sein ? Wir das überhaupt sein ? So ein Knall könnte für viele Kleinanleger den finanziellen Ruin bedeuten. Manche befürchten gar, dadürch könnte die Weltwirtschaft Schaden leiden. Andere sehen das lockerer. Wenn alle Bitcoins die am Markt sind heute ihren Wetr verlieren würden, dann entspräche das etwa 0,6 Prozent des Wertes aller Aktien der Wall Street, so ein amerikanischer Finanzexperte. Unabhängig davon, bedeutet eine Investierung in eine ICO bei einem korrupten online Broker womöglich den Gesamtverlust des eingesetzten Kapitals. Die Branche boomt. Die Callcenter in Israel, in Tel Aviv zum Beispiel oder in Ramat Gan sind vollbesetzt, von einer Flaute keine Spur. Die online Broker haben sich längst auf das neue Geschäft der Kryptowährungen eingestellt. In Europa werben sie ohne Ende für Investitionsmöglichkeiten, die Verkäufer machen Cold Calls und versprechen hohe Verdienste. Einige der Firmen haben ihre Namen bereits geändert, damit sie mitsurfen können mit dem Bitcoin Hype. Die israelische Firma Beta Media zum Beispiel, Inhaber der Webseite 24Options hat ihren Namen in Bit-Tech geändert und wird ihn falls notwendig wohl auch noch öfter ändern. Die Mitarbeiter, Verkaufspersonal und andere, werden für die neuen Aufgaben in der

Kryptoindustrie geschult, da die meisten schon Erfahrungen mitbringen aus der Binary Options und CFD Handelsindustrie, geht das relativ zügig von statten. Auch hier gilt. Keiner möchte den Hype um die Kryptowährungen verpassen. Es hört sich auch klasse an, wenn man abends beim Bier oder Wein in der Lounge Bar über den neuen JOb als Salesmanager für Kryptowährungen erzählen kann, klingt viel besser als ein Job in einem Fast Food Restaurant. Das ist Win Win für alle, denn keiner möchte diesen Hype verpassen und es lassen sich dabei als sogenannter Affiliate auch noch Zusatzgeschäfte machen, indem man Freunde dazu überredet ebenfalls in die neuen ICOs zu investieren. Wer selbst investiert und andere dazu überredet über das sogenannte Traffic auf der Webseite und dann gelinkt wird, der bekommt einen Prozentsatz fom investierten

Kapital. Cleveres System der ICO Unternehmer. Immer mehr scheinen mit dabei zu sein, denn die Facebookseiten machen Werbung für zahlreiche online Broker und der Crytocurrencies. War Israel zuerst weltweiter Marktführer für Gambling Industrie, danach für Binary Options, dann für CFD und Forexhandel, so ist es jetzt das Land der Affiliate Marketingbranche für die Cryptocurrencies.

X Das schnelle Geld

Wer derzeit im Internet surft, der sieht tausende Videos mit Bitcoinmilliardären, Geheimnisse, wie und wo man noch günstig Bitcoin kaufen kann, neue Methoden um vom ICO Boom zu profitieren. Es sind zahlreiche Videos immer mit den gleichen Botschaften. Manchmal sind es angebliche Mitarbeiter die Geheimtipps weitergeben, die sie eigentlich nicht weitergeben dürfen oder Broker die ihre Strategie erzählen. Angeblich ! Wer nicht einsteigt ist dumm, wer einsteigt ist innerhalb kurzer Zeit Milliardär und kann das Leben geniessen, ohne je wieder arbeiten zu müssen. Oft wird sogar geworben, dass Regierungen oder gar andere Milliardäre nicht möchten, dass ihre Methode öffentlich wird, es sind also immer Geheimnisse aus erster

Hand, die eigentlich gar nicht veröffentlicht werden dürfen. Damit man mitmachen kann und mitverdienen kann muss man sehr schnell einsteigen. Das sehr schnelle einsteigen ist auch deshalb wichtig, damit nicht zu viel recherchiert wird, damit der Kleinanleger nicht auf die Idee kommt selbst im Internet nach Zahlen oder Hintergründe zu forschen, denn dann würde er irgendwann entdecken, dass das ganze ein Riesenbetrug ist. So funktioniert der Handel mit den ICos bei den nicht korrekten Firmen. Selbstverständlich gibt es auch korrekte Firmen und Broker, gar keine Frage. Ich möchte hier nur darauf hinweisen, dass die Branche interessant ist auch für Betrüger und man immer gut recherchieren sollte, bevor man sein Geld investiert. Derzeit gibt es eine gigantische Fake News Industrie alleine für die Cryptocurrencies und es gibt fast täglich neue Online Magazine die darüber berichten. Wie auch bei den korrupten Online Brokern für Binary Options oder CFD/Forex Handel bewerten die Magazine, die zu den gleichen Firmen gehören sich untereinander und selbstverständlich bekommen die eigenen Broker immer die besten Ratings. Vorsicht also vor den News, oft ist es Fake News. Wie erkenne ich das ? Indem ich immer das Impressum lese, meistens wird dann schon klar, wer dahinter steckt. Meistens sind auch die ganzen Bewertungen nicht echt, es sind Mitarbeiter der Firmen, die dafür bezahlt werden ein gutes Rating abzugeben oder eine gute Bewertung. Ich habe das bei meinen Videos von Gamesoftruth auch oft erfahren, es gibt viele Bewertungen von Mitarbeitern der Broker, die dann erzählen, sie hätten bereits hunderttausend mit diesen

Brokern verdient. Ich erkenne inzwischen solche falschen Bewertungen oder Ratings, zumindest auf meiner eigenen Seite. Das Problem dabei ist, wenn ich versuche negative Ratings oder Bewertungen zu einem bestimmten Broker, auch zu den Cryptocurrencies, dem Handel darin oder der Ausgabe von ICOs zu finden, so lande ich zuerst immer bei den positiven Bwertungen der zahlreichen eigenen Magazine. Ich muss also lange suchen, um negative Bewertungen oder gar Kritik zu finden. Die Marketingindustrie der Online Broker ist sehr clever. Täglich lese ich auf den Nachrichtenseiten großer Zeitungen im Internet Werbung: EILMELDUNG ! Die Bitcoin Millionäre — mit nur 250 Euro kann jeder Millionär werden. Alles Anzeigen und jeder der seinen Verstand gebraucht, weiss das dies nicht sein kann. Auch bei meinen Videos melden sich zahlreiche „Mitarbeiter" von Brokern, die als Kommentar erklären, wie man schnell Geld verdienen kann. Jeder der arbeitet ist „schön dumm", vor allem, wenn man Geld im Schlaf XI

XI FinTech Welt ist begeistert

Die gesamte FinTech Welt ist begeistert über Cryptocurrencies. Die Welt ist jung und hipp und es ist spannend. Die Kryptowährungen bewegen sich im Internet, ausserhalb von Banken, werden von Algorythmen bestimmt, alles Interessengebiete der jungen Internetgeneration. Das verbindet junge Menschen weltweit. Ich habe Chefredakteure von Wirtschaftsmagazine und Wirtschaftsseiten in Europa befragt, warum so wenig kritisch über die Kryptowährungen und der neuen ICOs berichtet würde. Die Erklärung war fast immer gleich. FinTech ist in Europa sehr interessant. Die FinTech Industrie wird von Europa und vor allem auch von Deutschland gefördert. Es gibt sogar eigene Förderprogramme für Israelische Start

Ups und FinTechs, die sich in Deutschland selbstständig machen möchten, eines nennt sich „Exist Start Up Germany" . Gefördert werden Entrepreneurs aus Israel mit 1000 bis 3000 Euro pro Monat, für jedes Kind gibt es jeweils 100 Euro im Monat zusätzlich und für Materialien bis zu 30.000 Euro einmalig. Das Förderprogramm läuft für jeden Entrepreneur ein Jahr lang. Viele Journalisten sind begeistert, wenn sie die Ideen der Jungunternehmer erfahren. Die Branche ist jung und dynamisch, die Direktoren sind gutaussehend und tragen slim fit Anzüge mit Sneakers, drei Tage Bärte, können hervorragend reden, lächeln freundlich, sind smart und clever. Achtzig Prozent sind junge Männer zwischen zwanzig und dreißig. Das gefällt auch den Journalisten und sie glauben ihnen, oft auch ohne sorgfältige Recherche, denn Recherche kostet

Zeit und Geld. Ein Interview mit einem StartUp Unternehmen ist viel einfacher. Ein Redakteur einer deutschen Zeitung erklärte es mir folgendermaßen: „Wenn ich intensiv recherchieren muss zu den möglichen Hintergründen eines Online Brokers oder FinTech Startups, das dauert vielleicht Tage, kostet Zeit und Energie und dann erscheint ein kleiner Artikel. Dann schreibe ich lieber einen schönen langen Artikel über ein fantastisches FinTech Unternehmen. Viele freie Journalisten können sich eine solch umfangreiche Recherche schon mal gar nicht leisten. Dafür werden sie zu schlecht bezahlt. Ausserdem muss bei einer negativen Recherche alles sehr genau stimmen, denn sonst haben wir sofort die Anwälte der Online Broker auf den Hals. Es ist für uns viel einfacher, einen positiven Artikel zu schreiben, zu veröffentlichen oder ins Internet zu stellen, leider ist das heute die Realität." Und er hat Recht. So scheint es tatsächlich zu sein. Die Online Broker sind aktiv. Auch ich hatte wiederholt Kontakt mit den Anwälten verschiedener Broker. Sie haben mehrmals versucht mich per Einstweiliger Verfügung zu stoppen, meinen Channel auf Youtube zu stoppen, meine Bücher aus dem Handel zu ziehen. Ich konnte alles widerlegen, denn meine Recherchen sind korrekt. Niemals würde ich etwas behaupten, was nicht stimmt und schon gar nicht in der veröffentlichen, ohne das ich es auch beweisen kann. Bedingt aber durch die Begeisterung der deutschen Presse für FinTech können sich auch die korrupten Online Broker hier ausbreiten. Nochmals FinTech, Kryptowährungen, das sind fantastische Entwicklungen, da sind viele tolle Unternehmen und kreative Geschäftsleute mit dabei, aber es bietet auch Spielraum für Piraten. Mit den FinTech StartUps kommen auch einige ehemalige Online Broker aus der Binary Options Industrie mit nach Europa. Sie nutzen die Chance hier neu anzufangen oder ihre Geschäfte weiter auszubauen. Da gesetzlich bis jetzt wenig geregelt ist und es auch nich wenig Erfahrung mit dieser Industrie gibt, haben sie leichtes Spiel. Derzeit sind einige schnelle Jungs damit beschäftigt Kryptowährungen zu verkaufen, um das Geld zu investieren in der Gaming und Brokerindustrie. Es bleibt also alles beim Alten, so ist zu befürchten. Die Kryptowährungen bieten den korrupten Online Brokern jede Menge neuer Perspektiven. Als ich mich in Israel mit Finanzexperten unterhalten habe, befürchteten sie bereits vor über einem Jahr, dass ein mögliches Verbot der Binary Options die Broker nicht stoppen würde. Zuerst war es die Gaming Industrie, dann waren es die Binären Optionen, jetzt sind es die Kryptowährungen und danach finden sie wieder etwas Neues. Die ICOs sind natürlich sehr attraktiv. Firmen können damit sehr schnell, sehr viel Geld reinholen, viel schneller als mit den traditionellen Crowdfundingpattformen. Gleichzeitig ist das Interesse für Kryptowährungen auch viel größer als für Crowdfunding und sie werden als das Zahlungsmittel der Zukunft gehypt. Keiner möchte da etwas verpassen, alle wollen investieren. Viele Broker werben auch damit, dass Finanzbetrug damit nicht mehr möglich sei, aber zum jetzigen Zeitpunkt ist wohl das Gegenteil der Fall. Noch gibt es wenige Geschädigte, doch Experten befürchten, dass viele Investoren ihr Geld verlieren könnten. Vieles wird versprochen, wenig wird gehalten. Es gibt Online Broker, die innerhalb von einer Woche zwanzig oder dreißig Millionen Doller mit Inital Coin Offering gesammelt haben. Stimmen diese Zahlen auf den Webseiten ? Wer kann das sagen. Fest steht, dass vor allem auch in Israel Finanzaufsichtsbehörden befürchten, dass es sich bei den Kryptowährungen um den nächsten Betrug, ähnlich wie Binäre Optionen handeln könnte. IN Europa warnen Finanzaufsichtsbehörden ebenfalls vor Investitionen in Kryptowährungen, allerdings eher allgemein. Noch gibt es wie gesagt viel zu wenige gesetzliche Regulierungen. Diese Regulierungen sind allerdings dringend notwendig, damit die Kryptowährungen nicht der nächste ganz große Betrug werden. Behörden scheinen damit überfordert zu sein, die Kleinanleger sind schneller als vernünftig ist, die Online Broker versprechen viel, die Psychologie der Herde folgt den Versprechen. Letztendlich könnten es Milliarden sein, die Bürger verlieren. Der Markt scheint ein Paradies zu sein, auch für Betrüger, denn nur die wenigsten blicken durch hinter den Kulissen. Ich recherchiere seit vielen Monaten und zahlreiche Online Broker haben ihre Holdings, ihre Firmen Offshore registriert. In Belize, British Virgin Islands, Mauritius, Seychellen, Panama, alles ist mir schon begegnet. Das lässt den Schluß zu, dass viele den Gesamtverlust der Investition ihrer „Kunden" vorprogrammiert haben. Nochmals möchte ich betonen, dass die Herausgabe von Token, die ICos also ein großes Potential bieten für junge StartUp Unternehmen und nicht alle automatisch schlecht sind. Es gibt zahlreiche fantastische Firmen, die diese Möglichkeit nutzen um Kapital zu bekommen. Der Investor kauft die Token und investiert in ein neues Produkt, womöglich eins mit sehr viel Potential und Wachstum. Das Risiko ist groß, die meisten wissen das, es kann sich aber durchaus lohnen, ähnlich wie die Investition in eine Aktie eines jungen Unternehmens. Die meisten Investoren brauchen viel Zeit sich mit dem sogenannten White Paper und den Firmen auseinanderzusetzen und sich zu entscheiden. Viele der weniger seriösen Firmen, der korrupten Online Broker lassen Informationen gezielt weg oder verstecken sie sehr klein auf ihrer Webseite und drängen auf eine schnelle Investition, die nur dann sehr schnell sehr viel Gewinn bringen würde. Die Herausgabe von ICOs an sich ist ein Geschäft, wo es von Investoren erwartet wird, dass sie sich genau informieren. Es ist keine schnelle Art Geld zu machen und ganz sicher nicht für den unerfahrenen Kleinanleger gedacht. Trotzdem machen die Versprechen auf den Webseiten der Online Broker den Eindruck als könne man damit schnell viel Geld verdienen. Geld machen mit ICOs ist schwierig, da man die Firmen sehr gut studieren muss, dennoch hoffen viele Kleinanleger auf den guten Riecher und diese einzige Chance, dass sie genau die Firma entdeckt haben, die aus 100 Euro Millionen macht. Es ist der beste Weg schnelles Geld zu verdienen, so die Werbung der Online Broker. Finanzaufsichtsbehörden sind besorgt über diese neue Entwicklung. Es gibt einige Rahmenbedingungen, die gefährlich sind. Es gibt nicht die eine Kryptowährung. Inzwischen gibt es tausende verschiedener virtueller Währungen und es gibt die ICOs. Vieles deutet darauf hin, dass es sich um eine gigantische Blase handeln könnte. Es gibt die Blockchain Technologie, die sehr interessant ist und die Welt verändern könnte. Eine neue technische Entwicklung, die für viele Firmen eine Chance bedeuten kann, die Kosten reduzieren, Firmengründungen vereinfachen und die Welt verbessern kann. Anders sieht das bei den ICOs aus. Manche versprechen einem, dass die Kurse hochgehen werden, aber Niemand weiß genau wer dahinter steckt, was genau das Produkt ist. Es gibt meist ungenaue Informationen über die Inhaber, über die Produkte, über die Art wie die ICOs hergestellt werden. Man weiss nicht einmal, ob die Nachfrage überhaupt stimmt und wer da hinter steckt. Stimmen die Zahlen auf den Webseiten der Online Broker oder sind sie nur gefakt ? Wer kann das sagen. Wenn etwas schief geht, an wen wendet man sich ? Die Gefahren sind groß. Trotzdem schlagen viele die Warnungen in den Wind. Ich berichte in meinen YOUTUBE Videos regelmässig über die Gefahren der Kryptowährungen und ICOs bei Firmen, bei denen man nicht genau weiss was da hinter steckt. Manchmal stellen Zuschauer dann Fragen an die Direktoren solcher Firmen. Manche antworten sogar und selbstverständlich sind alle meine Warnungen vollkommen unwichtig. Jede Firma ist sehr seriös, man habe Namen gewechselt, weil man neue Namen besser findet, eine Registrierung auf einer Offshore Insel biete den gleichen Investorenschutz, wie wenn man in Deutschland registriert sei. Nun ja, wer da dann trotzdem einsteigt ist selbst schuld. Die wenigen korrupten Online Broker, die sich jetzt auf die ICo konzentrieren, können den ganzen Markt für die vielen FinTech Firmen kaputt machen und den Ruf einer gesamten Industrie ruinieren. Für die meisten dieser Online Broker, die sich jetzt auf ICOs spezialisieren gilt nach Angaben von Finanzaufsichtsbehörden ein Zeitrahmen von etwa drei Jahren. Das sind die internen Ziele. Zuerst müssen viele neue Investoren gefunden werden, die diese ICOs kaufen. Manche werden über normale Online Brokerseiten angeworben und dann vom Verkaufspersonal auf die neuen Möglichkeiten der virtuellen Währungen angesprochen. Auch ich habe dies in letzter Zeit in zahlreichen Telefonaten erlebt. Die Zeit des CFD und Forex ist offensichtlich vorbei. Der Ruf ist zu schlecht geworden. Die Kryptowährungen müssen jetzt herhalten. Es gibt drei Methoden, die Kleinanleger zu betrügen. Die erste besteht darin, dass die Investoren virtuelle Währungen kaufen, so viel wie aus ihnen rauszuholen ist. Wenn der Kunde nicht mehr bereit ist mehr zu kaufen werden die Telefonate nicht mehr beantwortet, die Emails werden nicht mehr geöffnet und das investierte Geld ist weg. De zweite Methode besteht darin, dass Kunden Bitcoin kaufen und verkaufen, ähnlich wie CFD oder Forex, sie wetten auf einen Kurs der rauf oder runter geht. Wie auch bei den Binären Optionen und CFD haben die Verkäufer ihre Opfer längst über Google Maps recherchiert und sie wissen, wie viel aus ihm rauszuholen ist. Das Ziel ist zum Beispiel 50.000 Euro. Ist dieser Betrag als Investment erreicht, dann plötzlich brechen die Kurse auf der individuellen für diesen einen Kunden erstellten Kurslinie ein, der Margin Call wird erreicht und das Konto wird leergefegt.

Telefonate werden nicht mehr beantwortet, die Emails ebenfalls nicht und das Geld ist weg. Das Konto wird geschlossen. Die andere Möglichkeit ist es ICOs anzubieten. ICOs werden angeboten von Blockchain Start Up Firmen, aber in diesem Fall sind meist gar keine Blockchain vorhanden. Blockchain sind teuer und es braucht viel Erfahrung und auch Personal. Daran sind korrupte Online Broker überhaupt nicht interessiert. Ihre ICOs sind reiner Betrug. Es werden wunderbare Videos gemacht mit tollen Geschichten über den Unternehmer, Biographien werden erfunden, es gibt ein sogenanntes White Paper, das die Technologie und das Geschäftsmodell erklärt. Die Investoren werden begeistert sein, sie investieren in diese neuen Token. Oft werden diese von vielen anderen jungen Investoren empfohlen, Journalisten, die nicht recherchieren übernehmen diese Empfehlungen und der Ball rollt. Mit diesen neuen Token können die Investoren in das neue Produkt investieren, sie können handeln in die Produkte der Online Brokers. Damit schlägt der Broker zwei Fliegen mit einer Klappe. 1. Die Investoren bleiben mit der neuen virtuellen Währung als Kunde erhalten. 2. Die virtuelle Währung ist kaum reguliert und wenn sie auf einer Offshore Insel registriert ist kann der Kunde sein Geld verlieren, ohne dass der Online Broker jemals zur Verantwortung gezogen werden kann. Die ganze Firma ist ein riesen Betrug, der einzige Grund weshalb die Token auf den Markt gebracht wurden, ist den Kunden das Geld wegzunehmen. Einige Regierungen haben die Herausgabe neuer virtueller Währungen bereits verboten wie zum Beispiel China. Die Behörden haben begründet, das viele ICOs finazieller Betrug seien und einige wie Pyramidenspiele funktionieren würden. Das hindert aber chinesische Firmen nicht daran im Ausland, zum Beispiel in Europa selbst Kleinanleger zu betrügen. In den USA sind die Warnungen der Finanzaufsichtsbehörden sehr zahlreich und gleichzeitig sind bestimmte Token dort verboten. Fest steht, dass vor allem einige etablierte Banken und Kreditkarteninstitute, derzeit sehr viel Geld verdienen mit Bitcoin und anderen Kryptowährungen. Auch die Handelsplattformen und Wallettbetreiber verdienen sehr gut. Manche verlangen für jede einzelen Transaktion, egal wie klein sie ist, bis zu zwanzig Dollar. Wer sich die Fluktuationen beim Bitcoin anschaut an einem einzigen Tag, der kann ausrechnen, welche Summen da bei den „Wechselstuben" hängen bleiben. Auf dem normalen Markt würde Niemand auf die Idee kommen zwanzig Dollar für eine Transaktion von hundert Dollar zu bezahlen. Bei Bitcoin ist allerdings alles anders. Die Gier treibt die Menschen zu eigenartigen Verhaltensweisen. Auch Israel untersucht derzeit in wiefern die ICOs verboten oder zumindest strenger reguliert werden sollten. Es gibt in Israel, wie auch in vielen anderen Ländern weltweit zwei verschiedene Gruppierungen. Die einen wollen das alles besser und strenger reguliert wird vor allem zum Schutze der Kleinanleger, die anderen wollen alles so lassen wie es ist, da es sich um eine junge, neue Industrie handelt, wo noch vieles ausprobiert werden muss. In Israel gibt es inzwischen ein Alignment, eine Partnerschaft in der Moshe Hogeg´s Singulariteam Technology Group Mitglied ist, sowie die BlockchainIL mit

CEO Sefi Golan, und die Kryptowährungs Investmentgruppe CoinTree Capital. Hogeg ist ein großer Befürworter der neuen Blockchain Technologie und er möchte nach seiner eigenen Aussage am liebsten in jedes israelische Blockchainunternehmen investieren. In Israel boomt die Blockchainindustrie und die ICO Industrie. Traffic Lords zum Beispiel ist ein Unternehmen welches Singulariteam und Yaniv Levi und Oren Ozeri gehört. Die letzteren kommen aus der Online Trading Industrie. Levi ist gleichzeitig Eigentümer der Investing Academy, eine Schule für Investoren, wo man lernen kann wie man am besten traden kann. Ozeri hat die Webseite RTOption registriert . Der Junior Partner von BlockChain ist Roman Abramov, er war in den Israelischen Nachrichten im Zusammenhang mit den Recherchen der Polizei hinsichtlich der Beziehungen zwischen Premier Netanyahu mit dem australischen Gambling Tycoon James Packer. Roman Abramov ist ein früherer Angestellter von Yaniv Levi, sowie ausserdem ein früherer Manager des israelischen Forex Brokers Matach24. In Israel hat es einige größere ICOs gegeben. Eines war Kik, welches nach Angaben des Gründers 100 Millionen eingenommen hat, dann Stox (eine Blockchain Plattform) die 40 Millionen eingenommen hat und natürlich das Vorzeigeprojekt Bancor – innerhalb von drei Stunden wurden bei zehntausend Investoren 153 Millionen reingeholt. Israel möchte die große Konkurrenz zu der Crypto Valley in der Schweiz werden und das Land ist auf dem besten Wege. Das geht aber nicht ohne korrupte Online Broker, die einen Teil des Kuchens abhaben möchten. In Israel gibt es deshalb zur Zeit einen großen Skandal rund um den Jarushi Clan, der ebenfalls in Broker Geschäfte, aber auch in den neuen Geschäften mit Kryptowährungen verwickelt sein soll. Husam Jarushi wurde festgenommen und zwei weitere Familienmitglieder wurden befragt. Der Knesset Abgeordnete David Bitan von der Partei Likud soll mit den Skandal verwickelt sein. Er ist auch der Abgeordnete der im Verdacht steht mehrere Online Brokerfirmen auf seinem Namen zu haben. Bitan soll vom Jarushi Clan Geld geliehen haben und als er das Geld nicht zurückzahlen konnte soll er Ihnen Vorteile versprochen haben, die er als Politiker durchsetzen konnte. Im Gegenzug sollten die Darlehen dann verschwinden. Der Clan soll in der organisierten Kriminalität in Israel im großen Stil involviert sein, so wie illegale Spiel- und Wetbüros,

Waffenhandel, Drogenhandel. Der Abgeordnete der sozialistischen Partei im Knesset David Bitan soll mit den Jarushis, einem kriminellen israelischen Familienclan, viele Geschäfte gemacht haben. Auch Geldwäsche soll dazu gehören. Weiterhin sollen sie im sogenannten Extra-Banken Darlehen involviert sein. Das ist eine Art Schwarz Markt für Darlehen für Menschen, die bei einer normalen Bank kein Darlehen mehr bekommen. Diese Art Kredite werden von kriminellen Banden organisiert und sollen nach Informationen Israelischer Medien Beträge um die 9 Milliarden Dollar im Jahr einbringen. Viele ärmere Israelis leihen dort Geld, schnell und unkomliziert gegen Zinsen von bis zu 800 Prozent im Jahr. Selbstverständlich stellen sie dann fest, dass sie diese nicht zurückzahlen können. Die Kunden werden dann bedroht und unter Druck gesetzt, damit sie das Geld zurückzahlen. Wenn sie dies nicht können, werden sie oft dazu gezwungen für die Syndikate zu arbeiten, zum Beispiel in dem sie kleinere Dienstleistungen erbringen. Manche Frauen prostituieren sich dann oder sie werden selbst zu sogenannten Geldeintreibern, erledigen also die schmutzigen Geschäfte. Es wurde oft versucht dieser Schwarzmarkt zu stoppen und die terrorisierung zahlreicher ärmerer Israelis, die Opfer geworden waren von diesen Kriminellen zu helfen. Bis heute hat es aber kein Gesetz durch den Knesset geschafft. Die Gesetze die es gibt indessen, reichen nicht aus um das zu beenden. Der Jarushi Clan ist gleichzeitig einer der führenden Treibkräfte hinter der israelischen Forex- und CFD Handel Industrie. Sie arbeiten da eng zusammen mit Immigranten aus Frankreich und anderen Europäischen Ländern, die in Israel diese Industrie aufsetzen und sie jetzt auch wegen Kryptowährungen zurück nach Europa bringen um dort viele unschuldige Opfer zu machen. Im Juni 2016 hat die Israelische Polizei schon zwanzig Personen verhaftet, darunter viele französische Immigranten, sowie Harry Amar, Eli Revivo und Ahmad und Sami Jarushi. Sie stehen im Verdacht weltweit Menschen angerufen zu haben und sie dann betrogen zu haben, zum Beispiel in dem sie sie dazu überreden in BInäre Optionen, CFD oder Forex zu investieren. Das Problem ist aber nicht kleiner geworden. Jetzt haben die kriminellen Banden die sogenannten ICOs entdeckt als Einnahmequelle. Weltweit werden zur Zeit hunderte ICOs von Brokern organisiert. Kleinanleger investieren Gelder und nach Angaben der Israelischen Security

Authorities würden viele ihren gesamten Einsatz verlieren. Die ISA beobachtet das Geschehen deshalb mit großer Sorge. Der Clan ist Inhaber von zahlreichen Webseiten und Firmen, die zu den sogenannten Online Brokern gehören. Die neue Einnahmequelle über Kryptowährungen könnte womöglich noch ein ertragreicheres Geschäft werdne und letztendlich viele, viele Opfer vollkommen mittellos dastehen lassen. Gleichzeitig sind die Clanmitglieder auch im Diamantenhandel beschäftigt und verkaufen falsche Diamantenanlagen. Ich habe über diese Geschäfte und auch Methoden meine ersten Bücher "Terroristen der Finanzmärkte" geschrieben und darin erklärt wie es abläuft. Hier erwähne ich diese Methoden nur deshalb, weil sie sozusagen die Vorspeiße sind vom Menü. Jetzt sind die Kriminellen beim Hauptgang anbelangt und servieren die sogenannten ICOs "INitial Coin Offerings" bei denen Menschen neue Kryptowährungen kaufen. Ich habe mich sehr gewundert über Bitcoin und die gewaltige Entwicklung. Reich geworden sind vor allem auch Kriminelle, die schon seit Jahren viele Bitcoin besitzen und diese im sogenannten Darknet nutzen um Geschäfte zu machen, die man nicht nachverfolgen kann. Kriminelle sind es jetzt auch oft, die hinter den ICOs stecken. Das ganze System ist meiner Meinung nach sehr suspekt. Das Geld, welches die Kleinanleger in die Produkte der Online Broker investierten haben sie nie wiedergesehen – die meisten jedenfalls nicht. Jetzt befürchte ich, dass die meisten ihre Geld ebenfalls nicht mehr wiedersehen werden. Die Parallelen zu den ICOs sind groß. Das Geld der Online Broker ging sofort auf Konten in

Karibikländer, sogenannte Offshore Konten. Das gleiche wird möglicherweise bei den ICOs geschehen. Letztendlich wird das Geld zurückfliessen nach Israel und es wird dort gewaschen in Wechselstuben aus der kriminellen Szene. Mit Kryptowährungen ist es allerdings noch einfacher, das Geld wird einfach in Bitcoin umgewechselt. Interessant finde ich in diesem Zusammenhang, dass es mehr und mehr sehr teuere Restaurants, Immobilienmakler etc. gibt die Bitcoin akzeptieren. In der normalen Welt sind Bitcoin allerdings noch nicht angekommen. So wie die Mafia in Italien funktioniert, so funktionieren die Clans in Israel. Jedes größere Land hat wohl so seine kriminellen Gangs. Jarushis, Karajas und Abergils, das sind die Syndikate in Israel und sie mischen aktiv mit auch in der online Brokerindustrie und jetzt bei den

ICOs. Am MOntag 4. Dezember 2017 gab es eine Konferenz in Israel bei der Shmuel Hauser, Chef der Israel Securities Authority einige Bemerkungen machte zur Zukunft der sogenannten ICOs in Israel. Grundsätzlich sprach er sich positiv aus über die Entwicklung der neuen Kryptos, gleichzeitig erwähnte er aber, dass diese ICos vollkommen ausser Kontrolle geraten seien, ebenso wie der Kurs des Bitcoin. Und er hat recht, es ist kaum etwas reguliert und trotzdem steigen alle ein. Manche Länder sind dabei erste Regulierungen vorzubereiten aber es wird alles noch dauern, denn es sind komplexe Materien sowohl in finanzrechtlicher, internationaler und wirtschaftsrechtlicher Hinsicht. Wer die tausenden Seiten zu Mifid II gesehen hat, der kann sich vorstellen wie kompliziert die Regeln zu den Kryptowährungen sein müssen. Vor allem auch einige asiatischen Länder wie die Philipinnen machen sich große Sorgen um die Zukunft hinsichtlich der Krptowährungen. Manche Behörden haben zwar noch nicht reguliert und keine Aufsicht hinsichtlich der Regeln der Ausgabe, gleichzeitig werdne Einnahmen aus den Kryptowährungen selbstverständlich versteuert. Gewinne werden also abgeschöpft, während der Kleinanleger von seinen Behörden nicht vor Verlusten geschützt wird. Nach Angaben von Shmuel Hauser, Chef der ISA könnte Israel zum neuen Dreh- und Angelpunkt für Kryptowährungen und vor allem von ICOs werden, da zahlreiche Broker, diese Chance bereits entdeckt hätten. Israel ist bekannt als StartUp für zahlreiche FinTech Firmen, vor allem weil hier zahlreiche hervorragende IT, Tech und Finanzexperten mit den allerbesten Ausbildungen und Kentnisse Firmen gegründet haben und weiterhin gründen. Tel Aviv hat einen hervorragenden Ruf in dieser Hinsicht. In der Vergangenheit haben sich aber auch korrupte Firmen an den Boom angeschlossen und ihre Chancen genutzt. Das gleiche könnte mit den ICOs geschehen. Noch sei alles viel zu unreguliert und noch könne man kein OK geben, für etwas, was noch so in den Kinderschuhen stecke. Israel sei noch nicht bereit, gleichzeitig aber gäbe es schon hunderte ICOs. Crypto Valley ist derzeit wohl die interessanteste Entwicklung in der Welt. Zahlreiche junge Blockchainunternehmen arbeiten hier an neue Entwicklungen, zum Beispiel eine Versicherung gegen Flugverspätungen auf der Basis eines Blockchains. In einem knappen Jahr sollen alleine in Israel ICOs etwa drei Milliarden eingenommen haben, so interne Zahlen aus der Branche. Viele Menschen sind bereit, auch wenn sie ein hohes Risiko eingehen einige hundert oder vielleicht tausend Euro in ein neues Unternehmen zu investieren, nur weil sie es interessant finden. Es gibt aber einen wesentlichen Unterschied, zu einem Investment in einem jungen Gründerunternehmen oder einer ICO. Das Problem sind die Gesetze, die es noch nicht gibt. Wenn ich in ein junges Unternehmen investiere und es funktioniert nicht, dann bin ich immerhin Miteigentümer eines insolventen Geschäftes. Im Insolvenzverfahren stehe ich mit auf der Liste der Gläubiger. Bekomme ich Geld zurück ? Das wird genau untersucht, manchmal ja, manchmal nein. Es gibt einen genau umschriebenen Investorenschutz. Bei der Investition in eine virtuelle Währung habe ich keinen Anspruch auf rein gar nichts – so ist die Gesetzeslage jetzt Dezember 2017 - . Wenn der Gründer mit den Tokens abhaut, und er braucht nicht einmal das Land zu verlassen, dann habe ich keinerlei Ansprüche. Wenn er das Geld bereits auf ein Konto Offshore eingezahlt hat, dann kommt keine Behörde dieser Welt an dieses Geld. Es gibt keine Rechte an Coins. Diese Coins sind höchstens ein Versprechen für die Zukunft an irgendetwas. Zur Zeit kaufen hunderttausende weltweit sogenannte Tokens einzig und alleine weil sei daran glauben diese mit Gewinn an einen größeren Narren verkaufen zu können. Bei den ICOs bekommt man anders als bei Aktien keinerlei Beteiligung. Es ist also in keinster Weise eine gängige Finanzierung im Sinne eines StartUps. Normalerweiße würde ein junges

Unternehmen Kredite bei einer Bank oder Finanzierung durch Sponsoren, Unterstützer oder Aktien beantragen. Bei den ICOs mit den Kryptowährungen, hat man keinerlei Beteiligung an einem Unternehmen. Es wird nur heiße Luft verkauft – in Prinzip oder besser Versprechen ! Es ist klar, dass viele Firmen, mit Kryptowährungen oder ICOs Geld eintreiben möchten, gleichzeitig sollten sie ein Gewissen haben und manchmal, vielleicht sogar oft ein schlechtes Gewissen, denn bei vielen wird es Schief gehen, da sind sich Wirtchaftsexperten einig. Manche weil sie zu wenig Erfahrung haben, andere, weil sie den Betrug vorprogrammieren. 2017 ist bis jetzt das große Jahr der Initial Coin Offerings und der Kryptowährungen. Milliarden sind bereits investiert worden. 2017 könnte in die Geschichte eingehen als ein großes Jahr, ein Jahr wo alles angefangen hat oder ein Jahr, welches der Anfang vom Ende war. Wer kann es schon sagen. Fest steht, dass viele der sogenannten ICOs in ihren Disclaimern und ihren Bedingungen, reinschreiben, dass man als Kunde keinerlei Anspruch hat auf irgendetwas und man Niemandem zur Verantwortung ziehen kann. Ich habe mich intensiv mit dem ICO einer – meiner Meinung nach – seriösen FinTech Unternehmens beschäftigt. Gegründet in der Schweiz und es fällt unter Schweizer Recht. Perfektes Deutsch auf der Webseite, alles gut erklärt. Sieht gut aus. Die Geschäftsidee ist interessant, die Unterstützer sind Prominent. Die Firmen, die bereits ihre Mitarbeit zugesagt haben sind ebenfalls bekannte und seriöse Namen. Diese Firma ist offen und erklärt alles ganz genau und gerade das schreckt vorsichte Investoren und institutionelle

Investoren ab. So genau wie hier habe ich die Rahmenbedingungen der ICOs noch nirgends umschrieben gesehen. Der Kauf der Tokens ist immer final und nicht widerrufbar, es gibt kein Geld zurück, unter keinen Umständen. Die Firma ist nicht verantwortlich für irgendwelchen Verlust, Totalverlust, das Stehlen von Daten durch Hacker, daten die verloren gehen und die zum Verlsut von Token führen etc. Ohnehin seien die ICOs keine Kryptowährungen und auch nicht damit vergleichbar. Die Tokens werden verkauft so wie sie sind, die Firma kann nicht verantwortlich gemacht werden, falls die Token mit einem Virus infiziert sein sollten oder defekt. Gleichzeitig wird auch die Verantwortung dafür ausgeschlossen, falls die Token irgendwo im Netz verloren gehen oder das sogenannte Wallet gehackt wird.Auch wird alle Verantwortung dafür ausgeschlossen, dass die Informationen auf der Webseite der Wahrheit entsprechen, richtig sind oder verändert wurden. Kurzum: es gibt keinerlei Verantwortung für irgendetwas. Auch das sogenannte White Paper und andere Formulare brauchen nicht bindend zu sein. Das können die Firmen so hinschreiben und machen und ist juristisch vollkommen korrekt, da es bisher kaum juristische Rahmenbedingungen für diese neuen ICOs gibt. Interessant finde ich, dass US Bürger, Singapore und HongKong Bürger keine ICOs weltweit kaufen dürfen. Bitcoin kommt aus den USA und ist dort der Hype, China hat zwar die ICOs verboten, ist aber im Bereich Kryptowährungen ganz vorne mit dabei. Die Bürger werden geschützt, in dem man ihnen einen Handel verbietet. Warum ist das so ? Ich denke die Behörden wissen warum. Bevor nicht alles reguliert ist, geht man in den USA kein Risiko ein. Bitcoin, Ethereum in all diese bestehenden Kryptowährungen dürfen Bürger investieren aber nicht in neue ICOs. In Deutschland und Europa ist bis jetzt sehr wenig reguliert. Nach Angaben der Lobby Control aus Köln gehören Internetunternehmen, zu den größten Spendengebern der Parteien.

XII Kryptowährungen sind die Zukunft

2017 sind weltweit viele Milliarden mit ICOs eingenommen worden und es ist erst der Anfang. Ende 2017 kann man auf tausende ICOs einschreiben, viele haben diese Finanzierungsmöglichkeit entdeckt und für viele junge Firmen ist es eine fantastische Gelegenheit. Das Israelische Start Up Unternehmen Bancor hat 153 Millionen Dollar in knapp drei Stunden reingeholt. Diese Leute, die derzeit und auch jetzt noch in StartUp per ICOs investieren sind zum größten Teil wirkliche Spieler und Zocker. Manche haben früh in Bitcoin und Ethereum investiert, aber das Geld ist noch immer in diesen Kryptowährungen. Sie sind reich auf dem Papier, aber was geschieht, wenn sie das Geld rausholen ? Sie lassen es drin, denn sie wollen den Zug nicht verpassen, so steigt und steigt der Kurs und ihr Reichtum auf Papier. Wer Klug ist holt etwas raus und lässt vielleicht noch zehn Prozent in das Risiko stecken. Man kann Glück haben oder Pech, beides ist möglich, Gambling halt – aus der Gambling Industrie kamen die Broker und jetzt gibt es die ICOs. Das ganze erinnert sehr stark an die Strukturen der Gambling Industrie. Der Erfinder der Bitcoin, ein Japaner soll es sein. Meine Idee: es ist eine Gruppe junger, sehr kluger Spezialisten für Algorithmen, die aus der Broker Industrie kommen. Sie haben womöglich im Auftrag diese Bitcoin entwickelt. Es ist nur eine vage Vermutung. Mit Bitcoin wurde die Investierung in Kryptowährungen für ein breites Publikum, für den Kleinanleger interessant gemacht und sogar für junge Menschen, die vorher nie Aktien gekauft haben oder hätten, für eine völlig neue Käuferschicht. Ein geniales Konzept und eine geniale Idee und sie funktioniert bis jetzt. Kryptowährungen sind interessant jetzt für die breite Masse von Bürgern, die auf den großen Gewinn hoffen – mit einer kleinen Investition innerhalb kurzer Zeit zum Millionär aufsteigen – und desto mehr der Kurs von Bitcoin steigt, desto mehr Menschen werden einsteigen. Das System funktioniert immer. Wenn die Masse einsteigt sind die institutionellen Investoren längst raus, das zeigt die Erfahrung und die Börsenpsychologie. Die ICOs und Kryptowährungen sind gleichzeitig eine fantastische Chance für junge Firmengründer und FinTech StartUps. Darunter sind auch zahlreiche gute Firmen mit tollen Ideen, die vielleicht bei einer regulären Bank keinen Kredit bekommen würden und jetzt diese Chance nutzen. Entrepreneurs, egal welcher Art, egal mit welchen Ideen können neue Unternehmen gründen, überall auf der Welt. Alle sind gleich, jeder hat die gleichen Chancen — eine wunderbare Idee, die man unterstützen sollte. Ausserdem ist es, wie schon gesagt, ein Paradies für Kriminelle. Kryptowährungen können untereinander ausgetauscht werden, ICOs können ausgegeben werden und die Betrüger können ohne juristische Probleme mit dem Geld untertauchen. Wie schon aufgeführt sind die Kryptowährungen ideal für Drogendealer, Drogengeschäfte, Waffenhändler und Terroristen. Kriminelle nutzen die Kryptowährungen schon seit Jahren, lange bevor die Brüger den Bitcoin als Investitionsmöglichkeit entdeckt haben.

Die BaFin hat sich aber zu dem Token Verkauf durch ICOs in Deutschland geäußert. Gleichzeitig warnen sowohl BaFin, wie auch ESMA (Europäische Finanzaufsichtsbehörde) vor Investitionen. Das Problem bei den ICOs ist meistens, dass die Kryptowährungen von jedem Unternehmen selbst geschaffen werden, jeder hat also seine eigene Token, ob sich dahinter ein großes oder sehr kleines Unternehmen versteckt ist manchmal nur schwer zu erkennen, denn die Webseiten sind professionell aufgemacht und versprechen viel. Mit dem Verkauf von Token möchten die Firmen Kapital einsammeln für unterschiedliche Ziele. Manche Firmen stehen ganz am Anfang, andere möchten sich vergrößern. Vor allem in Deutschland sind ICOs derzeit sehr beliebt. In China und Südkorea sind ICOs verboten, Amerika verbietet den Handel für seine Bürger sowie auch HongKong und Singapur. Bisher sollen weltweit mehrere Milliarden Dollar mit ICOs als Kapital emittiert worden sein. Das größte Problem ist, dass es bis jetzt in Deutschland und in Europa keine eindeutige Rechtslage für den Handel mit Kryptowährungen gibt. Die BaFin stuft Bitcoins und andere Kryptowährungen als Finanzinstrumente ein, wodurch ua das Kreditwesengesetz greift. Problem: in Deutschland registrierte Firmen lassen ihre ICOs unter ausländische Gesetze fallen. ICOs sind allerdings keine Wertpapiere und fallen somit auch nicht unter das Wertpapierprospektgesetz – Firmen können also in den Prospekt praktisch alles reinschreiben was sie möchten, ohne das es Restriktionen oder Bußgelder gibt. Die meisen ICOs sind so gestaltet, dass auch das Vermögensanlagengesetz nicht greift, da in den Disclaimer meist deutlich ausgeschlossen wird, dass es sich um eine Anlage handelt und auch die ICOs selbst anders aufgebaut sind. Wie gesagt, es fehlen bisher gesetzliche Rahmenbedingungen und das schafft auch viele Möglichkeiten für Betrüger. Konkrete Fälle gibt es bisher allerdings nicht, womöglich auch, weil sich die vielen ICOs in der Anfangsphase befinden und es sich erst in einigen Monaten rausstellen wird, wer korrekt ist und wer nicht. Diese offene Rechtslage ist schlecht für Kleinanleger aber auch für interessierte StartUps, da zu wenig geregelt ist. Wichtig ist vor allen Dingen, dass die sogenannten White Papers und die AGBs eindeutig gestaltet sind und sich die Firmen dabei von Juristen beraten lassen sollen. Zur Zeit ist es für ICOs besonders attraktiv, da viel zu wenig geregelt ist und in den eigenen AGBs praktisch jede Verantwortung ausgeschlossen ist. Es ist nur eine Frage derzeit bis es die ersten Geschädigten gibt, die dann feststellen werden, dass sie keinerlei Ansprüche haben und der Gesetzgeber strengere Regelungen einführt, wie zum Beispiel auch eine Prospektpflicht für ICOs. Zur Zeit jedenfalls befindet sich diese gesamte Kryptowährungs- und ICO Branche in einer gesetzlichen Grauzone.

ESMA (Europäische Finanzaufsichtsbehörde) und BaFin warnen gleichermaßen auf ihren Webseiten for einer Investition in ICOs. Der Kauf solcher Coins, auch Token genannt können den

Gesamtverlust beinhalten. Jeder sollte sich vorher sehr genau über das Unternehmen informieren, in welches er investiert. Er sollte auch die AGBs sehr genau lesen. Es gibt bei den ICOs keinerlei Schutz, keinerlei Ansprüche, keinerlei Möglichkeiten die Investition zurück zu bekommen wenn es schief geht, wie schon erwähnt, ist man anders als beim Kauf von Aktien nicht an der Firma beteiligt, sondern man kauft lediglich einen Coin mit dem man einen Anspruch bekommt zum Beispiel auf Rabatte, auf den Handel auf der eigenen Plattform und man kann darauf hoffen, dass die Preise der eigenen Coins steigen. Wer alle AGBs und die White Papers hundert Prozent verstanden hat, der kann sich überlegen einzusteigen.

Zwar weisst die BaFin darauf hin, dass es für Firmen Risiken gibt, wenn sie sich nicht an die Gesetze halten, doch halte ich die Firmen, die von vornherein einen Betrug initieren für so clever, dass sie diese Situation ausgeschlossen haben. Ich habe bereits berichtet über meine Recherchen hinsichtlich der korrupten Online Broker und der ICOs die unter Offshore Gesetze fallen. Für solche ICOs ist keiner in Europa zuständig, dass wird vollkommen ausgeschlossen. So lange es da keinen einheitlichen gesetzlichen Rahmen gibt, können die Betrüger weiter machen. Es ist also ganz im Sinne der Kleinanleger so schnell wie möglich Gesetze zu schaffen. Ausgleichszahlungen oder gar Schadensersatzforderungen werden in den AGBs oder Disclaimer der Betrüger von vornherein ausgeschlossen und da es sich um unregulierte Kryptowährungen handelt ist das womöglich noch nicht einmal illegal oder gesetzeswidrig. Auf den meisten Webseiten sind Verbraucherwiderrufsrechte ebenfalls von vornherein ausgeschlossen und auch hier gilt viel Glück beim durchsetzen der Rechte in der Karibik. Der Investor sollte sich also genau informieren über die White Papers und die AGBs. Firmen die nichts Böses im Sinne haben, werden diese Eng am Gesetz und womöglich gemeinsam mit der BaFin erarbeiten. Klare deutliche Ansagen sind also womöglich ein Zeichen für eine risikofreiere Investition in ICOs. Denn diese Firmen planen eine längere Investition in ein erfolgreiches Unternehmen. Wer das Gesetz achtet und keine eigenartige Konstruktionen aufbaut, der hat womöglich nichts zu verbergen und plant den Erfolg für sich und seine Investoren.

ICOs sind für viele in der Trading Industrie eine gute Möglichkeit viel geld zu verdienen, da sind sich alle einig. ICOs sind sehr anfällig für Betrug, für Geldwäsche und sind an sich hochriskante Produkte. Deshalb haben zahlreihe Länder wie China und Süd Korea diese ICOs verboten. USA und Kanada haben solch strenge Aufsichts- und Gesetzesregeln, dass die meisten der ICOs, die in Europa angeboten werden dort ohnehin verboten wären, aus Sicherheitsgründen für die Kleinanleger. Sind ICOs eine legitime Art Kapital zu bekommen, oder sind es eher Instrumente, die bevorzugt von Kriminellen benutzt werden ? Das sind Fragen mit denen sich Finanzaufsichtsbehörden in der Welt beschäftigen. In Israel haben die Finanzaufsichtsbehörden eine Untersuchungskommission gebildet, die bis Ende des Jahres Empfehlungen für den weiteren Umgang mit ICOs abgeben soll. Es muss eine strengere Regulierung geben, die aber gleichzeitig den jungen Unternehmern auch noch genügend Möglichkeiten bietet, weiter zu wachsen. Das gilt auch für Europa. Hier sind die Gesetzesvorgaben bisher besonders wenig vorgegeben und hier werden aber gleichzeitig besonders viele ICOs gestartet. Am allerwichtigsten ist es Kleinanleger vor Betrug zu schützen. Das ist die zentrale Aufgabe der Finanzaufsichtsbehörden hinsichtlich der Ausgabe von neuen Coins. Anwälte in den USA, Israel und der Schweiz beschäftigen sich bereits intensiv mit der neuen Materie. Sie sind sozusagen auf dem Vormarsch die neuen Produkte einzuordnen. Die Zusammenarbeit der Abwälte, Finanzaufsichtsbehörden und der Blockchainfirmen ist sehr wichtig, damit genug aber nicht zu viel reguliert wird. Bis jetzt waren es auch noch viele skeptische Politiker, die sich kaum mit der neuen Entwicklung und der Veränderung der Welt durch Blockchain und Kryptowährungen auseinandergesetzt haben. In Deutschland gibt es immer noch viele Politiker, Banker und Wirtschaftsjournalisten, die diese Kryptowährungen nicht wirklich ernst nehmen. Man muss sie aber beachten, denn sie werden in den nächsten Jahren vieles verändern, ähnlich wie Computer, AI und andere Entwicklungen, die man sich vor hundert Jahren nicht vorstellen konnte. Für viele Länder bieten diese Entwicklungen gigantische Möglichkeiten, auch für Entwicklungsländer und Menschen mit einem geringen Zugang zu Banken. Überall in der Welt schiessen neue Entwicklungen und Blockchainfirmen wie Pilze aus dem Boden und es sind vor allem junge Entrepreneuers die die Chancen erkennen und nutzen. Kryptowährungen, Blockchain Technologien und Affiliate Marketing, diese drei Entwicklungen gehören zusammen und bieten viele, viele neue Möglichkeiten aber auch Risiken. Keiner weiß zum jetzigen Zeitpunkt wohin sich die Reise entwickeln wird, keienr weiß welche Firmen überleben werden, keiner weiß wer korrekt ist und wer nicht. Es gibt viele Unsicherheiten aber auch viel Potential für risikobereite Investoren.

XIII US Securities und Exchange Commission

Die SEC hat am 4. Dezember 2017 einen großen ICOs Betrug gestoppt. Seit August wurden in dieser Firma bereits 15 Millionen Dollar von tausenden Kleinanlegern eingenommen. Es ist die erste Aktion der neugegründeten Cyber Unit der SEC. Die Cyber Unit soll vor allem vorgehen, gegen falsche Werbung, Fehlinformationen und teilweise absichtliche Lügen im Internet, die von zahlreichen Online Brokern und anderen ICOs Firmen verbreitet werden mit dem Ziel, Kleinanleger zu überreden zu investieren. Warum gibt es eine solche EInheit noch nicht in Europa oder vielleicht gar in Deutschland ? Es wäre wichtig. Falsche Informationen verbreiten sich wie ein Strohfeuer im Internet und die meisten Kleinanleger sind nicht in der Lage die tatsächlichen Fakten dahinter zu recherchieren. Manche ICOs versprechen, das man aus tausend Euro innerhalb einer Woche zehntausend Euro machen kann, aus zweitausend macht man zanzigtausend Euro und so weiter und so fort. Solche Gewinne sind einfach blödsinn und eigentlich kann sich das jeder an seinen Fingern abzählen, aber es gibt immer noch viele Menschen, die so verzweifelt sind, dass sie dies glauben. In Kanada haben die Behörden eingegriffen gegen Dominic Lacroix und seiner Firma PlexCorps. Unter dem Namen PlexCoin wurden ICOs angeboten. Die Firma warb damit, dass 1354 Prozent Gewinn gemacht werden würde in weniger als 29 Tagen. In diesem Zusammenhang wurde auch die Partnerin von

Dominic Lacroix nämlich Sabrina Paradis-Royer festgenommen. Dieser erste Fall der neuen Cyber Unit ist ein Paradebeispiel für diese neue Art der Kriminalität, erklärte Robert Cohen, der Chef der Cyber Unit in einer Presseerklärung. Alle Elemente eines Cyber Scams seien darin enthalten. Der Chef der Cyber Unit erklärte weiter, dass man sehr schnell gehandelt habe, um die Investoren vor den falschen Versprechungen des ICOs zu schützen. Hier handelt man schnell, in Europa dauert es länger, vielleicht sogar zu lange, denn wie will man Geld zurückbekommen, welches längst in die Karibik gewandert ist ? Die SEC allerdings hat per Dringlichkeitsgebot sofort gerichtlich gehandelt und ein Verbot durchgesetzt. Sämtliche Konten wurden sofort eingefroren. Die Anklage lautete, dass Lacroix, Paradis-Royer und ihre Firma

PlexCorps gegen Betrugsauflagen verstoßen hätten. Sie hätten die Registrierung im Rahmen der US federal securities Gesetze nicht korrekt abgeschlossen. Die SEC möchte das Dominic Lacroix keinerlei Direktorenfunktionen mehr ausüben darf in den USA und dass er ausserdem keinerlei Aktivitäten mehr ausüben darf, die mit Kryptowährungen zu tun haben. Das gleiche gelte für Sabrina Paradis-Royer, so eine Erklärung der SEC. Fest steht, die beiden werden sich neue Möglichkeiten suchen, vielleicht sogar in Europa oder Asien. Seit Monaten warnen Behörden vor einer Investierung in ICOs, da sie nicht reguliert sind und Investoren sehr leicht ihr gesamtes Geld verlieren könnten. In diesem Fall haben die Investoren ihr Geld verloren und viele weitere Fälle werden folgen, so die SEC. Für mich steht fest, auch in Europa wird es viele, viele

Betrugsfälle geben. Während meiner Recherche sind mit schon zahlreiche solcher Konstruktionen begegnet, die ich gemeinsam mit Experten (Blockchainspezialisten und Wirtschaftsprofessoren) durchgelesen habe. Bei einigen ist der Betrug vorprogrammiert. Mir ist es ein Rätsel, dass sie dennoch ihr Geschäfte weiter betreiben dürfen.

XIV Die ICOs – Betrug, Blase und eine große Herausforderung für Aufsichtsbehörden.

Das ist der Titel einer Studie der Universität von Luxemburg, der Fakultät für Jura, Wirtschaft und Finanzen: "The Ico Gold Rush: It´s a Scam, It´s a Bubble, It´s a Super Challenge for Regulators.

Die Fakultät für Jura, Wirtschaft und Finanzen hat viele ICOs untersucht und festgestellt, dass es einige, aber nicht alle die Kritierien einer klassischen spekulativen Blase erfüllen. Es wurden im Rahmen der Studie Daten von mehr als 100 von tausenden ICOs, erhoben, die in den vergangenen 18 Monaten stattgefunden haben. Vor allem kritisiert die Studie die Praxis der Presales. Etwa 60 Prozent aller ICOs hatten

Tokens vor dem ICO an private Investoren oder Gruppen verkauft. Mit dieser Praxis würden sogenannte "pump and dump schemes" kreiert. Eine kleine Gruppe ode rein Netzwerk hätte schon vorher Token bekommen und könne sie dann schnell mit viel Gewinn verkaufen. Die ersten Investoren, die kleine Gruppe also, würde immer Gewinn machen und zwar meistens sofort nach dem ICO. Die Studie hat allarmierende Dinge festgestellt. Unter andere mist aufgefallen, dass die sogenannten "White Papers", so eine Art Prospectum für die ICOs in der Regel kaum Informationen enthalten über die tatsächlichen Ziele und noch viel weniger Informationen über die tatsächlichen Eigentümer der ICOs. Dies sollte bei den ICO Investoren alle Alarmglocken leuchten lassen. Es gäbe auch meistens keine postalische oder tatsächliche Kontaktadresse, also kein Büro. Nur 40 Prozent der Whit Papers waren korrekt und gaben alle Informationen an, wie zum Beispiel ein konkretes Büro. 18 Prozent der ICOs gaben machten überhaupt keine Angaben, also ein völliges No Go. Dazu kommt, dass 70 Prozent der ICOs keinerlei legale Informationen hinsichtlich ihrer ICOs machen konnten. Laut der Studie würden fast alle ICOs auf die ein oder andere Art und Weiße juristische Schlupflöcher nutzen. Sie würden sich in einer Grauzone bewegen und es ist tatsächlich so, dass dei Kryptowährungen sich in einer Grauzone bewegen. Offensichtlich würden die ICOs darauf hoffen oder dafür beten, dass dies noch lange so bleibe. Fast alle Whitepapers gaben indessen eine Erklärung und technische Information wie ihre Kryptowährung funktionieren würde. Nur vier Prozent hatte nicht einmal das. Die Studie hat festgestellt, dass es kaum legale Informationen gibt in den Whitepapers und stellt die Hypothese auf, dass ICOs sehr oft so strukturiert sind, dass sie legale und regulative Bedingungen umgehen. Manche Karakteristiken der ICOs lassen darauf schliessen, dass die ICos davon ausgehen, dass der typische Crypto-Geek kein Interesse hat an legale oder andere Bedingungen und einfach naiv "drauflos kauft".

Gleichzeitig sind Behörden weltweit damit beschöftigt Rahmenbedingungen für die ICOs zu schaffen. Ich habe während meiner Recherchen ebenfalls festgestellt, dass die Mehrheit der vor allem jungen Investoren – und sie investieren zwischen 50 und 1000 Euo – vor allem aus Idealismus und mit Dollarzeichen in den Augen investiert. Kritik hinsichtlich der

Kryptowährungen oder ihrer "Lieblings" ICo können sie kaum ertragen und reagieren auch demenstprechend auf meinem Youtube Channel "gamesoftruth" obwohl bei manchen auch Freunde der Unternehmen reagieren.

XV Weltweite Regulierung ist notwendig

Um die kriminellen Aktivitäten im Zusammenhang mit ICOs zu umgehen, haben manche Länder die ICOs komplett verboten. China, Süd Korea, die USA zum Beispiel. Die Schweiz und Singapur sind zum Beispiel Länder in denen die ICOs nicht verboten sind und vieles möglich ist.

Aus Daten die die Firma Smith und Crown veröffentlicht hat, geht hervor, dass von 169 ICOs in der Schweiz nur 69 ihr Token Ziel erreicht haben. Manche der ICOs wurden sogar direkt verabschiedet. Die Firma argumentierte, dass es möglich sei, dass viele Investoren von vornherein kritischer geworden wären und nur solche

Projekte unterstützen würden, von denen nach umfangreicher Recherche fest stehe, dass sie eine gute Chance hätten zu überleben und erfolgreich zu sein. Der Markt sei kritischer und kläger geworden und Investoren würden besser recherchieren bevor zu investieren. Der Kreator von Ethereum erklärte, dass die Welt in einer ICO Blase stecke. Diese Blase würde bald platzen. Die ICOs würde viele Menschen phantastische Möglichkeiten bieten, gleichzeitig sei es aber auch ein Umfeld, welches von Anfang an auch Kriminellen ein Forum geboten habe. Ich sehe das genauso. Viele Kriminelle konnten sich "in dieser Welt" verstecken. Die fehlenden Regulierungen machen es Kriminelle immer noch leicht und es wurde viel zu lange einfach so hingenommen. Während es immer mehr kriminelle ICOs gibt, gleichzeitig aber auch immer mehr Behörden, die jetzt aufpassen, regulieren und korrupte Kontruktionen verbieten, haben die ICOs eine gute Chance zu einer gesunden Alternative für eine herkömmliche Firmengründung zu werden. "TechFinancials Aktien steigen um 400 Prozent seit Binary Options für Blockchain Entwicklungen eingetauscht wurden." Das war eine Überschrift eines Artikels bei LeapRate am 6. Dezember 2017. Aktionäre sind glücklich, denn das alte Geschäft wurde verlassen, TechFinancials konzentriert sich jetzt auf Blockchain, nach eigenen Angaben und die Aktien steigen gen Himmel. Die frühere Plattfrom für Binäre Optionen TechFinancials Inc. mit der OptionFair Plattform hat genau das gemacht. OptionFair wurde verkauft und TechFinancials möchte sich auf die blockchain basierten Produkte konzentrieren. TechFinancials hatte es schwer in den vergangenen Wochen, weil Israel ab Januar mit der sogenannten Binary Options Law alle Binären Optionen aus das Land verbannt. Es war also eine logische Schlußfolgerung, dass TechFinancials die OptionFair Plattform verkauft hat. Auch eine Firma für Eistees hat sich vom herkömmlichen Geschäft getrennt, auf ICOs gesetzt und den Aktienkurs verdoppelt. Während es in Europa überall möglich ist Werbung für Kryptowährungen und ICOs zu machen findet in China gerade eine Anti Werbekampagne statt. Im Fernsehen wird sogar Werbung gemacht gegen Kryptowährungen. In den USA ist man sogar dabei streng gegen unlauter Cryptocurrencies vorzugehen. In Washington wurde am 17.12.2017 die ICO eines Unternehmens per sofort gestoppt. Das Unternehmen wollte ICOs verkaufen für ihre Bewertungsseite für Lebensmittel und Restaurants, gegründet mit Blockchain Technologie. Munchee wollte 15 Millionen Dollar einnehmen um eine IPhone App zu verbessern. Kunden konnten Restaurants bewerten und in Zukunft sollte man mit den Tokens Produkte kaufen können. Die Kunden konnten ausserdem Restaurantbewertungen schreiben und sollten dafür belohnt werden. In der Werbung wurde der Anschein geweckt als würden diese Tokens sehr schnell im Wert steigen. Die Firma warb damit, dass sie einen Markt für die Tokens kreieren würde. Investoren konnten also davon ausgehen, dass ihre Tokens im Wert zunehmen würde. Dieses Werbeversprechen war nach Angaben der SEC falsch. Der Investor würde ffalsche Versprechen bekommen. Die Firma hatte den Verkauf sofort gestoppt unde den Investoren ihr Geld zuückgegeben. Deshalb bekam sie keine Strafe. In den USA ist die SEC besonders streng um Investroen zu schützen und dafür zu sorgen, dass die Versprechen stimmen und die Prospekte korrekte Angaben machen. Das SEC ist besonders aktiv, um Investoren vor Risiken im Zusammenhang mit INitial Coin Offering zu schützen, da dieser Bereich besonders interessant ist für Kriminelle. Es wird auch serh viel geworben im Internet mit falschen Versprechen. Einige Firmen werben vor allem in Zeitschriften und Online Plattformen, die von ihnen bezahlt werden. Wer negative Bewertungen sucht findet diese meistens nur schwer. Manche nutzen auch gekaufte Fotos, um Mitarbeiter für ihr Unternehmen zu zeigen. Das habe ich mehrere Male im Internet entdeckt. Der gleiche Mann, die gleiche Frau mit unterschiedlichen Namen arbeitet für unterschiedliche Firmen. Viele Kleinanleger lassen sich durch Prominente locken. Es gibt aber zahlreiche Prominente, auch aus der Blockchain oder Bitcoin community, die sich gut dafür bezahlen lassen, Werbung für ein Unternehemn zu machen oder als Berater zu fungieren. Da sie nur Werbeträger sind, haben sie eh nichts zu befürchten, wenn das Unternehmen den Bach runter geht. Ähnlich wie bei Fußballklubs, die als Werbeträger auch für korrupte Online Broker fungieren, kann man sie nie verantwortlich machen.

XVI TEZOS als Beispiel

Eine der ersten großen, bekannten ICOs war TEZOS. Insgesamt sollen etwa 232 Millionen eingenommen worden sein, dass Geld ist aber weg. Der Tezosskandal ist womöglich der Anfang zahlreicher ICOs, die schief gehen könnten, da sind sich Finanzexperten sicher. Wer sich für die Geschichte interessiert, bekommt den Eindruck eines cleveren jungen Paares, die die gesamte Finanzwelt zum Narren gehalten haben und halten. Vier Sammelklagen wurden in den vergangenen Wochen in den USA eingereicht von Tezos Geschädigten. Alle Parteien beschuldigen sich gegenseitig, dass Geld gestohlen zu haben. Fest steht, das Arthur und Kathleen Breitman im Rahmen einer ICO Millionen eingesammelt haben. Doch das Geld ist weg. Keiner weiß wirklich wo es ist. Der Anfang eines Streits zwischen den Gründern von Tezos und dem Präsidenten ihrer eigenen Stiftung Johann Gevers war damit klar. Juristen weltweit kümmern sich seitdem um den Fall, auch im Namen zahlreicher Geschädigter. Inzwischen gibt es alleine in den USA vier Sammelklagen und weitere werden mit Sicherheit folgen. Die Investoren wollen ihr Geld zurück und klagen, weil der Tezos ICO und das Angebot und der Verkauf der nichtregistrierten Tezos Token als Gegenleistung für ein Investment gedacht waren, so wurde es umschrieben. Das hätte klar gegen Börsenregeln verstoßen. Die vierte Sammelklage wurde Ende 2017 in Kalifornien eingereicht. Mit sofortiger Wrikung sollte das Konton in der Schwei mit knapp einer Milliarde Schweizer Franken eingefroren werden, so die Forderung der Anwaltsfirma Block &

Levington im Auftrag der Geschädigten. Ein Direktor der Stiftung sei gegangen und ein anderer sei ersetzt worden. Die wäre Grund genug mit sofortiger Wirkung die Gelder einzufrieren. Die gesamte Situation sei chaotisch und der Ruf von Tezos sei nachhaltig geschädigt, so die Anwälte. Dabei stehe für sie fest, dass alles immer mehr eskalieren würde. Eine sofortige juristische Intervention sei notwendig, ansonsten würden die mit der ICo illegal erworbenen Gelder komplett verschinden. Es gäbe dann nichts mehr zu holen. Im Antrag wird erklärt, dass die kalifornischen Gerichte die juristische Erlaubnis hätten die Gelder einer Schweizer Stiftung einzufrieren, aufgrund der Federal and California Law. In der Sammelklage wird die ICO als unqualifiziert unregistriert umschrieben, es wäre ein Ausverkauf von Securities. Der Präsident der

Tezos Foundation wird in der Sammelklage erwähnt, sowie die Direktoren Kathleen und Arthur Breitman, die ebenfalls dei Gründer des Tezos Projektes sind, sowie ihrer Firma Dynamic Ledger Solutionas und Tim Draper, ein Großinvestor in Tezos. Erwähnt wird ebenfalls Bitcoin Suisse, eine schweizer Kryptowährungsfinanzfirma, die vor kurzem erst erklärte, sie hätte die Möglichkeiten die Transaktionen der Tezos Fondation zu blockieren. Der Gründer von Bitcoin Suisse Niklas Nikolajsen wird ebenfalls in der Sammelklare erwähnt. Die Probleme begannen mit einem Streit zwischen Gevers und den Breitmans, der im vergangenen Oktober öffentlich wurde. Bis heute lehnt Gevers alles ab und er beschuldigt die Breitmans sie würden Rufmord begehen. Investoren allerdings machen sich große Sorgen.

Einige haben die Tezos Community gegründet und haben mehr als 1000 Unterschriften gesammelt um gemeinsam eine Sammelklage vorzubereituen und gleichzeitig dafür zu sorgen, dass Gevers gehen muss. Tezos ist ein informelles Netzwerk von Tezos Anhängern, die retten möchten was es zu retten gibt. Die Gründer erklären, sie hätten keinerlei Beziehungen zu Gevers oder den Breitmans. Die Petition wurde ebenfalls unterschrieben von Olaf CarlsonWee, Gründer des amerikanischen Polychain Capital Hedgefonds, dass sehr viel Geld in Tezos gesteckt hat. Angeblich hat die Tezos Foundation sich nicht genug bemüht, die Tezos Infrastruktur finanziell voranzutreiben. Schon vor Monaten hätte das geschehen sollen, aber geschehen sei nichts, so CarlsonWee. Im August hatte die Stiftung schon angekündigt, dass sie 50 Millionen investieren würde in Firmen, die die Tezos Plattform bauen würden. Die Entwicklung und das Wachstum dieses Systems hätte oberste Priorität. Im September wurden mehrere Maßnahmen angekündigt, die man unternommen habe um das Ziel zu erreichen. Das Ehepaar Breitman indessen wirft dem Präsidenten der Stiftung Johann Gevers vor er habe das Projekt nicht vorangetrieben, sondern habe seinen eigenen sehr hohen Bonus an den beiden Tezos Stiftungsräten Guido Schmitz-Krummenacher und Diego Ponz vorbeischummeln wollen. Arthur Breitman sei nach eigenen Angaben in Paris und versuche dort das Tezos Projekt weiter voranzutreiben. Wie es weitergeht, auch innerhalb der Stiftung weiss keiner so genau. Es geht um viel. Die Verträge sind kompliziert, die Strukturen schwierig. Die

Kryptofans beobachten Tezos ganz genau und glauben nach wie vor an das Projekt, welches das Ethereum Netzwerk ablösen möchte und es geht um Geld, sehr viel Geld. Reingeholt wurden 232 Millionen Dollar, inzwischen sind daraus aufgrund der Kurssteigerungen von Bitcoin und Ethereum 820 Millionen Dollar geworden, wenn man den Wert gegenrechnet. Das Ehepaar Breitman, sowie einige Investoren sollten 8,5 Prozent der Einnahmen erhalten. Somit würde das Ehepaar Breitman etwa 70 Millionen Dollar bekommen. Doch das Geld wird angeblich von Gevers kontrolliert.

Tezos ist eine Blockchain die sich verändern kann. Bis jetzt ist es so, dass jede neue Kryptowährung eine neue Blockchain entwickelt, aber die Chains werden kaum verbessert. Tezos ist eine

Blockchain, bei der Stakeholder mehrheitlich, anhand bestimmter Regeln, selbst für eine Veränderung stimmen können. Je mehr Token man besitzt, desto mehr Stimmrechte hat man. Dies alles wurde zuvor in einem Testnetz getestet. Die Veränderung kann bei allem möglich sein und schließt alles mit ein. Gleichzeitig verwendet Tezos einen Proof-of-Work Algorithmus, der es jedem Tezos Halter ermöglicht, an der Blockherstellung teilzunehmen, je mehr Token er hat, desto mehr Blöcke kann er erstellen. Wie bei Ethereum, ist auch bei Tezos die Erstellung von Smart-Contracts (ein Stück Code hinter einer Adresse, welcher durch eine Transaktion zu dieser Adresse eine vorbestimmte Aktion durchführt) möglich. Ein Unterschied ist dabei, dass Smart Contracts in Tezos nur eine begrenzte Anzahl an Schritten zur

Ausführung zur Verfügung haben (in Ethereum ist diese unbegrenzt, allerdings steigen die Transaktionskosten proportional zur Komplexität). Da die meisten Smart Contracts nicht kompliziert sind, sind bei Tezos die Anzahl der Schritte, die pro Transaktion durchgeführt werden können, begrenzt. Die Tezos Blockchain wird vom amerikanischen Unternehmen Dynamic Ledger Solutions Inc., entwickelt. Gegründet wurde dieses Unternehmen von Kathleen und Arthur Breitman. Weiterhin stehen 10 weitere Core Entwickler hinter Tezos, die hauptsächlich in Paris ansässig sind. Arthur Breitman ist in Frankreich aufgewachsen und spricht fließend französisch. Die Core Entwickler sollen im Anfangsstadium die Entwicklung und Adaption von Tezos vorantreiben. Kathleen und Arthur Breitman hatten die Idee, dass die ersten

Schritte gleichzeitig durch eine Tezos Foundation unterstützt werden. Diese ist unabhängig und in der Schweiz angesiedelt. Sie besteht aus Johann Gevers, Diego Ponz, und Guido Schmitz-Krummacher und besitzt, beginnend ab dem Genesis Block, ein einjähriges Vetorecht bezüglich Veränderungen der Tezos Blockchain. Doch bereits drei Monate nachdem Tezos 232 Millionen Dollar mit einer ICO eingenommen hat gibt es einen Riesenskandal. Damals war es die größte ICO aller Zeiten, jetzt ist es der größte ICO Skandal den es bis jetzt gab. Hinter den Kulissen geht es hoch her, es gibt einen Riesenstreit zwischen den Gründern Kathleen und Arthur Breitman und dem Präsidenten der Stiftung in der Schweiz Johann Gevers. Weil die Zahlungen in Kryptowährungen vorgenommen wurden haben sich die ursprünglichen Beträge mehr als verdoppelt, weshalb man jetzt von mehr als 400 und inzwischen sogar mehr als 800 Millionen Dollar ausgeht, von denen angeblich Niemand weiss wo sie sind. Der Anwalt der Breitmans hat bereits gefordert, dass der Präsident der Stiftung mit sofortiger Wirkung entlassen wird. Er habe sich selbst bereichert und es müsse genau untersucht werden, was los sei. Johann Gevers allerdings denkt gar nicht daran seinen Posten zu verlassen. Er beschuldigt Arthur Breitman, dass er Lügen würde, Menschen beeinflussen und nur an seinen eigenen Vorteil denken würde. Man würde einen illegalen Komplott gegen ihn schmieden. Die Breitmans haben in der Zwischenzeit versucht, die Kontrolle über die Stiftung zu bekommen, so Gevers. Sie würden sich in alles einmischen, was juristtisch nicht erlaubt sei. Das alles würde dazu führen, dass die

Entwicklung des Tezos Netzwerkes verzögert würde. Das gesamte Projekt würde riskiert. Die Breitmans hingegen versichern auch gegenüber verschiedener internationaler Medien wie Reuters und Forbes, dass sie konform der juristischen Regeln und Gesetze handeln würden. Für sie stünde der Erfolg des Tezos Netzwerkes an allererster Stelle. Die digitalen Tezos Coins, sogenannte Tezzies, haben schon einen hohen Preis obwohl sie noch gar nicht existieren. Die Eröffnung des Tezos Netzwerkes wurde bereits verzögert und wieder ausgestellt. So lange das Netzwerk nicht existiert, und es gibt bis jetzt noch kein Datum, so lange werden Investoren nichts erhalten. Gleichzeitig gibt es allerdings auch gar keine Garantie, dass irgendjemand jemals irgendetwas erhalten wird. Denn Investoren waren einverstanden mit den Risiken der ICOs.

Dennoch bleibt Johann Gevers zuversichtlich, dass irgendwann ein Tezos Coin auf den Markt kommt. Es ist eine Geschichte aus der Krimis geschrieben werden. Ein junges, smartes, gutaussehendes Paar schafft es Investoren dazu zu überreden Millionen Dollar in eine nicht existierende Coin zu investieren. Einzig und alleine auf das Versprechen hin, dass sie etwas einzigartiges schaffen würden. Die Geschichte ist eine der ersten ICOs und eine der ersten großen Skandale. Experten gehen davon aus, das viele folgen werden. Trotzdem investieren nach wie vor täglich hunderttausende in die nicht existierenden ICOs – Initial Coin Offerings, also in Coins, die es noch nicht gibt und die auch noch nirgends gehandelt werden können. Der Markt der Kryptowährungen boomt und ist gleichzeitig ein Paradies für Betrug, Geldwäsche und

Diebstahl. Seit 2011 wurden fast eine Million Bitcoin gestohlen. Heute hätten sie einen Wert von mehr als 15 Milliarden Dollar und würden täglich weiter steigen. Im Jahr 2017 wurden für mehr als 3 Milliarden Dollar ICOs gekauft. Dieser Betrag ist drei Mal so hoch, wie der Betrag, der auf traditionelle Art in StartUps investiert wurde, so Novum Insights, ein Datenanbieter. ICOs sind eine Möglichkeit für FinTechs Geld einzutrieben, für neue Entwicklungen, neue Computernetzwerke. Investoren bekommen digitale Coins, auch Token genannt, mit denen sie am Profit der Firma beteiligt werden. Zur Zeit allerdings ist ein Großteil dieser ICOs auch sehr attraktiv für Betrüger und unseriöse Firmen. Viele Modelle sind von vornherein so konstruiert, dass sie einen Gesamtverlust der Investoren als Ziel haben und zwar als einziges Ziel. Manchmal sind diese Modelle leicht zu durchschauen, oft sind sie aber auch sehr raffiniert konstruiert. Behörden in USA, China, Singapur haben bereits strenge Regeln aufgestellt für ICOs und haben sie teilweise ganz verboten, wie zum Beispiel in USA und China. Die meisten Investoren kaufen ICOs weil sie auf den schnellen Gewinn hoffen. Viele haben auch keine Ahnung über die Risiken und die Hintergründe. Die meisten dieser Investoren sind naiv und lassen sich die ICOs andrehen, so ein Finanzexperte eines Fonds in London. Er geht davon aus, dass mehr als neunzig Prozent wertlos sind und nie einen Wert haben werden. Neunzig Prozent der Investoren werden also ihr Geld verlieren, vor allem in dem Bereich der Online Broker, die die neue Marktlücke entdeckt haben. ICOs sind fantastisch für diese korrupten Firmen, da sie noch praktisch unreguliert sind. Zur Zeit wird in Europa an eine wesentlich strengere Regulierung des CFD und Forexmarktes gearbeitet, um Investoren zu schützen. Binäre Optionen sind praktisch ganz verboten. Die neue Lücke kommt also genau zur richtigen Zeit, möglicherweise haben die Online Broker sogar ihre Finger mit ihm Spiel. Schließe einen korrupten Broker und es stehen neun neue auf. Das ist die Erfahrung der letzten Jahre. Die neuen Kryptowährungen funktionieren anhand einer neuen Technologie die Blockchain genannt wird, ein öffentliches Ledger zur Verfügung gestellt durch ein Netzwerk von Computern. Die Blockchain Anwendungen sind sehr interessant für eine Vielzahl von Firmen, von Restaurants, Läden, Elektroanbieter, Handwerker bishin zu den unterschiedlichsten Firmen die man sich vorstellen kann. Das Leben wird einfacher und preiswerter. Tezos ist zum Beispiel ein Blockchain der damit wirbt noch Kundenfreundlicher zu sein als Bitcoin und Ethereum. Manche Pioniere der Blockchainindustrie schwören auf Bitcoin, andere auf Ethereum und wieder andere finden Tezos interessant. Doch haben Kathleen und Arthur Breitman, womöglich gemeinsam mit den Stiftungsgründern Johann Gevers gewußt was mit Tezos passieren würde ? War es geplant ? Wer steckt dahinter ? Vor der ICO gab es einige kritische Stimmen, die davor warnten in den Tezos ICO einzusteigen. Grund war, dass es kein ICO-Limit gab. In der Vergangenheit wurden bei ICOs oft sehr hohe Geldbeträge eingesammelt, und Tezos wurde schon lange vorher gehypt. Es wurde davor gewarnt, dass Interessenten innerhalb der zwei Wochen in das Projekt investieren würden. Dadurch würde womöglich ein neuer Rekord des eingesammelten Geldes aufgestellt, was auch passiert ist. Dadurch gäbe es kaum Raum für kurzfristige und mittelfristige Gewinne und es könne zu einem Preisverfall nach der ICO kommen. bei dem sich potentielle Interessenten günstig in das Projekt einkaufen können. Außerdem sei bei dezentralisierten Steuerungen wichtig, dass die Token gut verteilt sind und nicht nur auf Börsen „rumliegen" ansonsten hätte das Tezos Team zusammen mit den Hedge-Fonds möglicherweise den größten Stimmenanteil.

Arthur und Kathleen Breitman

Arthur Breitman ist der Sohn von Jean-Claude Deret, einem französischen Drehbuchautor und Schriftsteller, der in den 60er Jahren die

Fernsehserie Thierry la Frond geschrieben hat – 52 Folgen immerhin. Arthur Breitman hat Mathematik, Computerwissenschaften und Physik studiert. Er ist in Frankreich aufgewachsen und ist später nach New York gezogen, um dort Finanzmathematik zu studieren. Später hat er für Goldman Sachs und Morgan Stanley gearbeitet. Nach wie vor ist er als Mitorganisator und einer der Leiter der New Yorker Anarach-Capitalist Meetups in New York geführt. Die Szene umschreibt sich als eine Philosophie des radikalen Libertarianismus, die von einem Selbsteigentums und einer Beschränkung und möglichen Abschaffung des Staates ausgeht. Während eines solchen Treffens hat Arthur Breitman 2010 Kathleen McCaffrey getroffen, eine amerikanische Studentin aus NewJersey. Sie soll ein großer Fan sein von Rush Limbaugh, ein amerikanischer Talkmaster einer Radio Show. 2013 heirateten die beiden. Kathleen Breitman hat für das Hedge Fond von Bridgewater Associates gearbeitet, sowie für R3, eine Blockchain Firma. Nach ihren eigenen Angaben hatte sie eine schwere Zeit beim Hedge Fond aber sie liebt die Blockchainfirma. Arthur Breitman gehört zu den frühen Fans des Bitcoin. Schon 2009 hat er sich dafür interessiert. Allerdings war er sehr kritisch und war der Meinung, dass die Bitcoinblockchain, sowie die anderen Kryptowährungen zu viele Schwachstellen hätten. Sie wären nicht sicher genug und zu schwer zu upgraden. Deshalb machter er sich an die ARbeit etwas besseres zu entwickeln. Im Sommer 2014, während er für Morgan Stanley arbeitete schrieb Breitman zwei Arbeitspapiere, die er online stellte und die ein

Konzept beinhalteten, für eine neue Art Blockchain. Er nannte diese Blockchain Tezos, ein selbsterfundener Name für einen Algorithmus, den er entwickelt hatte, der die Namen noch freier Webseiten finden konnte, die man in die englische Sprache übersetzen konnte. Er veröffentlichte diese Arbeitspapiere unter dem Namen L.M. Goodman, ber aus Emails und Nachrichten ging schnell hervor, dass sich Arthur Breitman dahinter versteckte. Breitman versuchte im Jahr 2015 seine Firma Tezos zu gründen. Gleichzeitig wollte er damals in der Öffentlichkeit nicht mit der Firma in Verbindung gebracht werden. Er befürchete, dies könne problematisch sein, mit seiner Arbeit für Morgan Stanley. Breitman schrieb einen Business Plan, der dem Medienunternehmen Reuters vorlag. Darin soll, nach Angaben von Reuters stehen, dass die Firma, falls sie 15 Jahre überlebt, einen Wert zwischen zwei und zwanzig Milliarden Euro haben könne. Breitman sollte mehr als zweihunderttausend Dollar Gehalt im Jahr bekommen, ab dem dritten Jahr. Im August 2015 gründete Breitman, der damals noch für Morgan Stanley arbeite, die Firma DLS Dynamic Ledger Solutions. Diese Firma sollte Tezos entwickeln. Er gab sich selbst die Stelle des Direktors. Nach den Regeln der U.S. Financial Industry Regulatory Authority (FINRA) hätte er seinem Arbeitgeber Morgan Stanley darüber berichten müssen und er hätte diese Tätigkeit ausserdem aufführen müssen. Dies hatte er offensichtlich nicht gemacht, da keine anderen Aktivitäten aufgeführt wurden. Nach Angaben von Kathleen Breitman, die ein Interview mit Reuters geführt hatte, war das ganze nicht mehr als ein Hobby.

Man habe keine Intention gehabt, die Software zu kommerzialisieren. Es soll zwar einige Meetings gegeben haben aber wirklich nichts ernstes. 2015 soll Arthur Breitman versucht haben Tezos Inc. als Firma zu gründen. Er wollte mit einem Businessplan bei einigen Banken 5 bis 10 Millionen Euro als Kapital sammeln. Das war gleichzeitig der Zeitpunkt, wo es immer mehr Interesse gab, auch von Seiten der Banken und Investoren für Blockchain. Sie alle wollten mit Hilfe der neuen Technologie kosten sparen und die Back-Office Prozesse vereinfachen. Das Internet für finanzielle Transaktionen, so wurde Tezos im Business Plan genannt, könne dabei helfen und die Technologie könne alles automatisieren und vereinfachen, vor allem den Markt für die sogenannten Derivate. Breitman war allerdings kein guter Verkäufer. Er entwickelte die Technologie und hatte da auch viel Ahnung, konnte aber nicht gut verkaufen und so wurden viele andere Blockchains verkauft, aber seine anfangs nicht. Nach seinen eigenen Angaben war er ein sehr schlechter Verkäufer. Im April 2016 verliess Arthur Breitman die Firma Morgan Stanley und im September hatte das Ehepaar Breitman eine neue Strategie entwickelt für Tezos. Sie wollten online mit Hilfe von ICOs das Geld für die Entwicklung von Tezos zusammenbringen. Die digitalen Token sollten verkauft werden und die Inhaber würden die Blockchain betreiben. Doch dazu brauchte das Ehepaar einige Stiftungen um das Projekt voranzutreiben. Von zehn interessierten frühen Investoren bekamen sie insgesamt etwas mehr als 600.00 Dollar. Unter den Investoren waren nach Angaben ihrer eigenen Webseite auch einige Kryptowährungshedgefonds. Für ihre ICO entscheiden die Breitmans sich für eine komplizierte Struktur. Sie hatten bereits eine Stiftung in Zug in der Schweiz gegründet, im sogenannten Crypto Tal. Das Tal wurde so genannt, wegen der zahlreichen StartUps aus der Kryptoindustrie. Die Stiftung sollte dem ganzen einen Non-Profit Anschein geben. Die Idee dahinter war, so steht es auf der Tezos Webseite, dass die Foundation Geld einnehmen würde über die ICOs. Dann sollte die Stiftung die Firma DLS, die Tezos entwickelt hatte, übernehmen

Die Schweizer Stiftung sollte dafür sorgen, dass das Unternehmen den gesetzlichen Regeln entsprechen würde, gleichzeitig aber noch genügend Spielraum übrig bleiben würde und es nicht zu strenge Regulierungen geben würde. Die

Regulierung in der Schweiz ist streng, lässt aber dem Unternehmer immer noch Spielraum und Freiheiten. Es gibt inzwischen zahlreiche solcher Konstruktionen mit Stiftungen in der Schweiz unter anderem auch die Kryptofirma Cardano. Arthur Breitman ist trotz der Sammelklagen und des Skandals nach wie vor aktiv. Erst vor kurzem hielt er eine Rede in der Schweiz und er war gut in fahrt, erklärte die neuesten Entwicklungen. Erst als aus dem Publikum eine Frage zu den blockierten Einnahmen aus dem Initial Coin Offering (ICO) kam, wure es ruhig und stoppte den Redefluss Breitmans, aber nur für kurze Zeit. Er wollte nichts dazu sagen. Alle Fragen bezüglich des ICO müsse die in Zug ansässige Tezos-Stiftung beantworten, erklärte er. Die Breitmans hatten im Mai angeblich finanzielle Probleme wegen dem Projekt und sie heuerten Tim Draper an, ein großer Bitcoin Fan, der über seine Firma Draper Associates anderthalb Millionen Dollar investierte. Gleichzeitig hatten die Breitmans die Firma Strange Brew Strategies, eine Medienfirma angeheuert, um das gesamte Projekt zu promoten. Es wurden viele Versprechungen gemacht, um das Projekt zu promoten, es wurde gesagt, die führenden Industriefirmen würden das Projekt unterstützen. Tezos würde die Zukunft der Blockchain bedeuten, alle wären begeistert. Es waren tolle Geschichten, gute Werbesprüche. Doch am 3. Oktober erzählte eine Pressesprecherin der Firma Ernst & Young den medien, die Aussagen seien hinsichtlich ihrer Firma nicht korrekt. Auch andere Firmen erklärten, dass sei übertrieben, Tezos sei eine von vielen Firmen und Blockchainapplikationen die man beobachte, Die Blockchaintechnologie befinde sich aber in einer Anfangsphase. Es habe lediglich einige informelle Kontakte gegeben. Im Rahen meiner Recherchen auch hinsichtlich zahlreicher anderer Firmen habe ich festgestellt, dass vieles behauptet und erzählt wird und es ist manchmal nur scher nachvollziehbar ob es überhaupt stimmt. Bei den ICOs werben zahlreiche Firmen damit, sie hätten Millionen solcher Coins verkauft. Stimmen die Zahlen ? Es wird nicht überprüft und ohnehin ist es nur sehr schwer nachzuprüfen, da die Coins unter keiner Aufsicht fallen. Die Zahlen waren anfangs auch viel geringer. Anfang 2017 waren viele ICOs Froh mit kleineren Beträgen aber je höher der Bitcoinkurs stieg, desto größer wurden die Erwartungen und die Wünsche der Firmen, die ICO herausgaben, inklusive Tezos. Anfangs ging man von 20 Millionen aus, aber es wurden immer größere Beträge. Innerhalb von 13 Tagen hatte Tezos 66000 Bitcoins verkauft und 361000 Ethers im Wert von 232 Millionen Dollar zum damaligen Zeitpunkt. Ende 2017 wären das bereits etwa 800 Millionen Dollar. Schriftlich wurde festgehalten, so Kathleen Breitman, dass es sic hum eine Spende handele und nicht um eine sehr spekulative Investierung. Wenn es sich nämlich um eine Spende handelte, dann würden die Einnahmen nicht unter der Regelung der Finanzaufsichtsbehörde in den USA fallen, sie seien dann nicht zuständig. Die SEC, die als sehr streng gilt, könne dann keinen Einfluss nehmen auf den Schutz der Investoren. Die SEC war zu diesem Zeitpunkt ohnehin schon sehr kritisch hinsichtlich der ICOs. Gleichzeitig hatte die SEC schin klargemacht, dass es sich bei den meisten ICOs um Securities handeln würde, die also sehr wohl unter der Aufsicht der SEC fallen würden. Die SEC hatte dazu auch einige Investoren befragt und sie erklärten, dass sie die Investition in die Tezos Stiftung sehr wohl als ein Investment betrachteten. Sie wollten einen Profit und waren weniger an der Entwicklung der Tezos Blockchain interessiert. Für die meisten Investoren war das keine Spende, sondern wirklich eine Investition, so sahen sie das. Während die Breitmans immer über Spenden kommunizierten, gaben die Investoren an, dass es für sie von Anfang an eine Investition gewesen sei. Letztendlich solle die Stiftung in der Schweiz die Firma der Breitmans übernehmen. Daüfr würden di Breitmans Millionen Dollar bekommen. Für den eigentlichen Deal würden die Breitmans, so Gevers, fast zwanzig Millionen Dollar bekommen. Die neue Blockchain müsste mindestens drei

Monate lang erfolgreich betrieben werden, danach bekämen sie den Betrag. Ausserdem würden sie zehn Prozent der Anteile bekommen, über vier Jahre verteilt. Johann Gevers, der ursprünglich aus Südafrika kommt und nie vorher eine Stiftung geführt hatte, wurde von Breitmans in allen Tönen gelobt, bevor es den Streit gab. Später eskalierte alles und Gevers schimpfte über die Breitmans, sie würden alles kontrollieren und die Stiftung habe keinerlei Möglichkeiten einzugreifen. Offiziell haben die Breitmans allerdings nichts zu sagen innerhalb der Stiftung, das belegt auch ein Schreiben ihres Anwalts. Es wurden zwei weitere Firmen gegründet, die Tezos AG und die Tezos France SA, sie sollen jetzt Tezos weiterführen und unterstützen. Nach Schweizer Recht ist die Stiftung vollkomen unabhängig und auch der Rat ist vollständig unabhängig, so sieht es das Gesetz vor. Gevers allerdings hat immer gesagt, dass er das Ehepaar Breitman als Ratgeber in der Stiftung halten möchte. Sie hätten das Projekt gegründet und seien ausserdem sehr kompetent. Gleichzeitig machte er aber klar, dass die Stiftung unabhängig bleiben würde. Mitten in diesem Streit hat sich jetzt Niklas Nikolajsen eingeschaltet, er ist der CEO der Zuger Handelsplattform Bitcoin Suisse. Diese Firma ist Vertragspartner des Tezos-ICO. Alle Beträge waren in Bitcoin oder Ethereum und durch die Kurssteigerungen liegen sie jetzt bei mehr als 500 Millionen Dollar. Nikolajsen versucht jetzt die Anleger zu beruhigen, indem er sagt, die Mittel seien sicher, es gäbe kein Missmanagment und alles sei gut.

XVII Zug in der Schweiz: Crypto Valley

Die Hauptstadt der Kryptowährungen ist der beschauliche Ort Zug in der Schweiz. Für einige schweizer Finanzexperten ist das eine Überraschung. Das öffentliche Interesse sei nicht deutlich, erklären sie. Es sei zwar nicht illegal, aber eine Stiftung zu gründen in der Schweiz mit dem Ziel Investoren profitieren zu lassen von einem Verkauf wäre nicht der Sinn einer Stiftung, die nicht Profit orientiert sei und im öffentlichen Interesse.Das Interesse der Öffentlichkeit bei den zahlreichen neuen Kryptowährungsstiftungen sei nicht deutlich. Die Finanzaufsichtsbehörden und Finanzamt müssten Rahmenbedingungen kreieren und dies schnell, so einer der Wirtschaftsprofessoren, die auf Stiftungsrecht spezialisiert sind. Die Kryyptowährungskurse die immer weiter steigen, sorgen dafür, dass auch immer mehr neue Firmen ICos organisieren. Mehr als 80 Milliarden Dollar ist Ende 2017 der Wert der Kryptowährungen. Die Börsen, so wie Coinbase sind wegen Überforderung dauernd verlangsamt, we reine Überweisung tätigen möchte, braucht bis zu 24 Stunden. Während manche von einer Blase sprechen, sehen andere darin die Zukunft und erst der Anfang der Kurssteigerungen. Gleichzeitig steigt durch diese neuen Kryptowährungen auch die Realwirtschaft. Überall werden neue StartUps gegründet und mit Hilfe von ICOs Kapital beschafft. Viele dieser StartUps starten in der Schweiz in Zug, dem neuen sogenannten Crypto-Valley – der neuen Crypto-Hauptstadt der Welt. Täglich gibt es dort neue Anfragen für die Gründung einer Stiftung – hunderte sind schon da. Vor allem Startups mit öffentlichen Blockchains. Sie verkaufen ICOs für neue Blockchaintechnologien, die digitale Assets anbieten. Zum Beispiel Veranstaltungstickets, Zahlungen oder Speicherplätze. Anwaltskanzleien haben gut zu tun mit dem neuen Boom. Sie beraten bei der Finanzierung und der Ansiedlung. Ohne Menschen können diese Transaktionen durchgeführt werden, also schneller und einfacher als früher und dies soll, so die Blockchainfreaks erst der Anfang dieser Dinge sein. Das Internet sind die Verbindungen im Körper, der Blockchain ist das Gehirn, so Vince Meens, Blockchainspezialist. Viele StartUps allerdings sind erst ganz am Anfang, brauchen Kapital, um die Apps zu entwickeln und alles aufzubauen. Es kann also noch Jahre dauern, bis alles funktioniert. Die INvestoren machen trotzdem mit. Sie legen ihre Geld an in Firmen, vond enen nicht klar ist, ob sie jemals Gewinn machen werden. Die Gelder, die investiert werden, werden in der Schweiz oft von einer Stiftung verwaltet. Der Grund ist einfach. Die StartUps kennen keine Grenzen oder Länder. Sie agieren international, weltweit aber sie brauchen trotzdem eine Zentrale, wo das eingenommene Geld verwaltet wird. Schweizer Stiftungen sind beliebte Konstruktionen dafür. Ausserdem hat die Schweiz einen guten Ruf, das Land liegt zentral mitten in Europa, die Rechtsverhältnisse sind gut geregelt und die Steuern sind attraktiv. Einige der großen an den Kryptobörsen wie Cardano oder Monaco sind auch in Zug angesiedelt und auch Xapo und Shapeshift. Vor allem in den vergangenen Monaten hat sich der Kryptoboom verändert. Es gibt jetzt mehr und mehr Firmen, die sich auf die sogenannten ICOs konzentrieren, die also Investorengelder suchen. Anders als bei Aktien bekommen die Investoren keine Anteile an der Firma sonderne lediglich sogenannte Tokens. Jedes Projekt hat da seine eigene Funktion, und je nach Funktion berechtigen die Tokens zu bestimmten Dingen, die man dafür bekommt. Manche Tokens berechtigen dazu mit Rabatt auf den eigenen Webseiten zu handeln, andere berechtigen dazu Rechenleistung zu nutzen, zum Beispiel bei Ethereum. Die Investoren kaufen Token eines Projektes, welches erste entwickelt wird mit der Hoffnung, dass sich die Projekte erfolgreich umsetzen lassen und der Wert der Tokens steigt. Wie bei Bitcoin. Bitcoin hat bei allen Investoren die Glocken läuten lassen. Viele investieren praktisch kritiklos und ohne sich zu informieren in Projekte vond enen nicht fest steht ob sie klappen oder nicht und wie gesagt, Experten gehen davon aus, dass viele nicht funktionieren werden. Einige aber können durchaus erfolgreich sein. In ZUg, im Crypto Valley hat das dazu geführt, dass es jede Menge neue Stiftungen gibt und die Behörden, aber auch Firmen bereits an ihre Belastungsgrenzen stossen. Wer jetzt denkt in Zug gäbe es viele neue Möglichkeiten als Zulieferere für die neue Stiftungsindustrie der liegt falsch. Die Blockchainprojekte bieten wenig Arbeitsplätze, da kaum Personal benötigt wird. Viele Stiftungen arbeiten mit externen Notar- und Anwaltsbüros. Manchmal ist auch nur die Stiftung in der Schweiz während an anderen Orten gearbeitet wird. Ein rein schweizerisches Projekt ist Melonport. Aber auch andere Kryptofirmen wollen teilweise ihre Präsenz in der

Schweiz ausbauen. Einige der Projekte in Zug sind Tezos mit einer neue Blockchain und wie Ethereum eine App-Plattform. Sicherheit steht im Mittelpunkt. Die künftigen Apps sollen dank einfacher Programmiersprache sicherer sein. Status ist eine Messenger-App. Gleichzeitig können sich die Nutzer digitale Assets überweisen und aus der App können andere Apps aufgerufen werden wie zum Beispiel auch verschiedene Tauschbörsen.Etherisc ist eine Versicherungs-App. Der Kauf und Verkauf von Versicherungen soll damit wesentlich einfacher werden. Es soll ein Marktplatz für Risiken entstehen, beispielsweise für Flugverspätungen, die kann man sich dann versichern lassen. Golem ist ein Cloud-Computing für alle Menschen. Nicht benötigte CPU-Leistung kann in Zukunft selbst beim Desktoprechner gegen Entgelt zur Verfügung gestellt werden. Das Versprechen ist, man sei günstiger als etwa Amazon. Akasha ist eine Social-Media-App, nur ohne zentrale Firma und ohne zentrale Server. Beiträge können auf diese Art nicht zensiert werden. Man kann Texte selbst veröffentlichen, teilen und auch bewerten. Melonport ist eine schweizer Plattform für Fondsmanager, auf der Portfolios mit digitalen Assets gehandelt werden. Kosten und Eintrittshürden sind wesentlich niedriger als in der klassischen Fondswelt.Dfinity ist eine neue Blockchain und App-Plattform. Das Besondere an dieser Blockchain ist, dass sie flexibel ist. Die zugrundeliegenden Regeln sind sofort änderbar, wenn die Nutzer das wollen. Particl is ein Marktplatz. Der Schwerpunkt liegt auf der dezentralen Kommunikation der

Marktteilnehmer. Alles ist verschlüsselt, Daten liegen nirgendwo auf einem zentralen Server.Bancor ist ein Protokoll für synthetische digitale Assets. Das Ziel ist es, dass man für den Kauf und Verkauf des Assets keine Gegenpartei mehr braucht. Die Preisbestimmung übernimmt ein Programm. Die Energy Web Stiftung fördert Blockchain-Protokolle für den Energiesektor. Smart-Grid-Management und autonomer Strombezug von intelligenten Geräten sind die Stichworte. Einige vergleichen die derzeitige Situation der Kryptowährungsindustrie mit der Dotcom Blase der neunziger. Viele werden untergehen, nur einige wenige werden sich behaupten, davon gehen Beobachter der Szene aus.

XVIII Bitcoin als CFD

Bei deutschen Banken und Direktbrokern ist ein Handel mit der Alternativ-Währung noch nicht möglich. Aber einige CFD Broker haben Bitcoins als Basiswert entdeckt. Allerdings sollte man da sehr vorsichtig sein. Es tummeln sich zahlreiche sogenannte Online Broker auf dem Markt, die weniger vertrauenswürdig sind, mit einer BaFin Registrierung werben, obwohl sie in Zypern registriert sind und die offensichtlich ihre Kunden absichtlich betrügen. Zu diesem Thema habe ich drei Bücher geschrieben. Sie nennen sich "Terroristen der Finanzmärkte" und erklären diesen weltweiten Finanzskandal. Anleger kaufen bei diesen Brokern keine Bitcoins, sondern mit den "contracts for difference" nur eine "Vereinbarung" über einen Preis, den der jeweilige CFD-Anbieter auch noch selbst stellt. CFDs werden üblicherweise auf "Margin" gehandelt, der Käufer benötigt also nur einen Bruchteil des Kaufpreises, der Handel ist daher mit einem Hebel versehen, der auch ein deutlich gesteigertes Risiko bedeutet. In Prinzip ist das eine Art Wette auf einen auf- oder absteigenden Kurs. Die Bitcoin sind eine neue Marktlücke für solche Broker und werden aktiv und teilweise sehr agressiv beworben. Einige Broker, darunter auch unseriöse bieten unzwischen sogar eigene Coins an mit einem eigenen Namen mit denen man dann beim eigenen CFD Broker auf der eigenen Plattform auch mit Bitcoin handeln kann. Allergrößte Vorsicht ist allerdings bei dieser Konstruktion geboten, denn wie gesagt, der Markt für Bitcoin und anderen Krytowährungen ist noch nicht reguliert und unvollständig überwacht. Wer sein Geld verliert, hat also kaum eine Möglichkeit sich bei einer Finanzaufsichtsbehörde wie die baFin zu beklagen und sein Geld zurückzufordern. Man sollte solche Investitionen wenn überhaupt nur mit allerkleinsten Beträgen tätigen, die man jedenfalls immer missen kann. Bei solchen Bitcoin CFDs wird immer mit einem sogenannten Spread gehandelt – das ist der Unterschied zwischen Kauf- und Verkaufkurs und das ist der Gewinn den der Broker in jedem Fall macht, also immer. Je öfter man handelt, desto mehr Gewinn macht der Broker. Der Spread bei Bitcoin ist meist höher als bei Aktien oder Forex oder Indizes.

XIX Kryptowährungen: Pump and Dump für alle!

Zur Zeit ist es ein wenig wie der Wilde Westen und tatsächlich der Suche nach Gold. Der Markt ist schnell. Täglich gibt es viele neue Kryptowährungen die entstehen und neue ICOs die angeboten werden. Alte verschwinden praktisch klanglos und neue sind da. Manche, die anfangs eingestiegen sind, werden reich, andere verlieren ihr Geld. Jede Kryptowährung und jedes ICO verspricht viel, oft sind es fantastische Geschichten, die die Welt verändern werden. Nur wenige überleben die ersten Monate, die meisten sind schnell wieder weg. Immer mehr ICos funktionieren auch nach dem Pump and Dump Prinzip. Oft stecken dahinter die gleichen Broker wie hinter dem korrupten Binäre

Optionen oder CFD Handel. Zuerst wird eine neue ICO hochgelobt, dann auf den Markt gebracht, ein wenig hochgepuscht und dann sind die Kriminellen schnell mit dem Geld weg. Ähnlich wie die Webseite Spotoption, wo sich jeder gegen Bezahlung eine "korrupte" Online Brokerplattform herstellen lassen konnte, gibt es jetzt Seiten wie Krypton, wo sich jeder gegen Bezahlung eine eigene Cryptocurrency Plattform machen lassen kann. Beginnen Sie ihr Cryptocurrencygeschäft noch heute. Für einige zehntausend Euro kann man sich eine eigene Kryptowährung machen lassen, komplett mit ICO, Trading, Exchange, Bezahlungsabhandlung und allem was dazu gehört. Warum sollte man sich mühsam um eine eigene Firmgründung kümmern, wenn man mit wenig Geld ein ICO machen kann, Geld von Investoren die nichts lieber möchten als einsteigen, in die eigene Tasche stecken kann und dann auf nimmerwiedersehen verschwinden. Das geht so lange gut, bis auch der letzte Narr die Hoffnung aufgibt damit Reich zu werden. Trotzdem wird es in Zukunft wohl nicht ohne Kryptowährungen gehen. Auch die großen Banken und viele Länder sind damit beschäftigt ihre eigenen Währungen zu entwickeln. Bis jetzt sind Finanzexperten und Wirtschaftsfachleute sehr skeptisch aber das könnte sich ändern, wenn Banken sichere System entwickeln. Die Kryptowährungsfangemeinde ist allerdings der Meinung, dass die großen Kryptowährungen wie Bitcoin, Ethereum, Litecoin etc. die einzig wahren Kryptowährungen sind, da sie aus der anarchistischen Szene stammen, die gegen die gängigen Valuta agieren. Fest steht, dass es weltweit in praktisch allen

Ländern zahlreiche Anstrengungen gibt, neue Kryptowährungen und neue Blockchain zu entwickeln. Gleichzeitig schreitet die AI Artificial Intelligenz auch immer weiter voran und neue Apps werden für die jeweiligen Blockchain entwickelt. Ich denke, dass wir jetzt Ende 2017 und im Jahr 2018 völlig neue Entwicklungen sehen werden und dass diese Blockchaintechnologie und Krytowährungen viele neue Möglichkeiten bieten. In guter, aber auch in schlechter Hinsicht befürchte ich. Deshalb gilt: vor jeder Investition steht eine sehr, sehr gute Information.

Dies ist der erste Teil einer Reihe zum Thema Kryptowährungen. Zur Zeit entstehen praktisch täglich neue Kryptowährungen. Einige sehen vielversprechend aus, andere sind auf den ersten Blick bereits wenig strukturiert. 2018 wird wohl das Jahr sein, welches die Richtung der neuen Kryptowährungen und seiner Entwicklung prägen wird. Die Internetgeneration ist dabei, am Anfang einer neuen Ära.

Herstellung und Verlag:
BoD - Books on Demand, Norderstedt
ISBN 978-3-7460-6340-9